产业融合

CHANYE RONGHE XINLUN

新 论

俞则忠/著

浙江工商大学出版社 杭州
ZHEJIANG GONGSHANG UNIVERSITY PRESS

图书在版编目（CIP）数据

产业融合新论 / 俞则忠著 . — 杭州：浙江工商大学出版社，2022.10
ISBN 978-7-5178-5137-0

Ⅰ . ①产… Ⅱ . ①俞… Ⅲ . ①产业融合—研究 Ⅳ .
① F264

中国版本图书馆 CIP 数据核字（2022）第 177850 号

产业融合新论

CHANYE RONGHE XINLUN

俞则忠　著

责任编辑	吴岳婷	
责任校对	张春琴	
封面设计	浙信文化	
责任印制	包建辉	
出版发行	浙江工商大学出版社	
	（杭州市教工路 198 号　邮政编码 310012）	
	（E-mail：zjgsupress@163.com）	
	电话：0571-88904980，88831806（传真）	
排　　版	杭州浙信文化传播有限公司	
印　　刷	杭州高腾印务有限公司	
开　　本	710mm×1000mm　1/16	
印　　张	10.5	
字　　数	133 千	
版 印 次	2022 年 10 月第 1 版　2022 年 10 月第 1 次印刷	
书　　号	ISBN 978-7-5178-5137-0	
定　　价	60.00 元	

序

———

随着当前国际形势变化与国内经济社会的发展，我国应该加快产业融合发展的步伐，并将其与国家"十四五"规划和"2035年远景目标"以及"双循环"发展战略紧密结合起来。通过产业融合推动高质量发展，进行供给侧结构性改革，可以打通堵点，补齐短板，提升国民经济体系整体效能，构建新发展格局。从这个意义上来说，研究和探索产业融合，对深化改革开放，有着重要的理论意义和现实意义。

我国经过40多年的改革开放，目前已经成为世界第二大经济体。但是，我国的产业水平还有待提高，急需进行产业融合与转型升级。近几年来，各地政府先后制定了有关政策和措施，积极支持各类企业进行科技创新与高质量发展，这是一个好的势头。然而，当下产业融合过程中一个突出的问题是，我国现有的城市产业大多是楼宇经济与商业经济模式，这种现象限制了城市的经济发展。要打破这个局面，就要依靠产业融合提升城市经济空间。只有这样才能既降低生活成本，又激活城市活力，这也是要积极推动产业融合的原因。

　　产业融合是当今世界各国共同关注的一个重要问题。世界经济与金融一体化、传统产业的转型升级与高新技术产业的发展，为各个相关产业之间的融合发展创造了条件并提供了可能性。在这样一个背景下，产业融合就像经济发展中的"黏合剂"与"桥梁"，不断促进各国经济变革和产业发展，使世界经济发展呈现出一种新态势。

　　应该看到，产业融合是一种重要的经济现象，是高新技术产业与其他产业融合发展的结果。因此，深入观察和研究产业融合是适应新时期社会经济发展、实现经济结构调整的需要。从这个角度上来说，研究产业融合的理论，探索产业融合的实践是经济发展的客观要求。

　　我认为，研究产业融合是深化改革的需要。我国产业融合的发展和深化，给深化经济改革提出了许多新问题。在当今世界，产业之间的相互渗透、交叉和重组，导致产业边界日益模糊化，引发了产业功能、形态、组织方式乃至商业模式的重大变化。在这种情况下，就要变革不适应社会经济发展的政策和制度，促进产业融合更好更快地发展。

　　我认为，研究产业融合是发展互联网经济的需要。在"互联网＋"的潮流下，移动互联网、云计算、大数据、物联网等与现代制造业结合的形式多种多样，这为传统产业与新技术的融合创造了条件和机遇。因此，互联网企业与传统企业的融合就成为一种必然趋势。或者说，互联网是传统企业的升级路径，而传统企业则是互联网企业发展的助力。

　　我认为，研究产业融合是认识产业融合趋势的需要。当下已经有很多人认识到，要加强产业之间的联系，加大产业融合的力度。因此，我们应该充分认识产业融合在经济发展中的作用，特别是有的产业之间进行融合发展之后，有可能会产生新的经济发展形态。所以，产业融合促使产业升级发展，也提高了产业的竞争力。从这个意义上来说，产业之间的融合发展，将会促进多种产业新形态和发展新趋势的出现，从而推动新兴产业和经济的发展。

俞则忠

2020 年 9 月 29 日

目 录 CONTENTS

第一章

产业融合的基础

CHANYE RONGHE
DE
JICHU

一、产业融合的基本问题

产业融合是当今社会一种重要的经济现象，也是高新技术及相关产业作用于其他技术及相关产业的结果。因此，产业融合使得两种产业或多种产业融为一体，并逐步催生出新的产业。我们通常说的产业融合，是指在时间上先后产生与结构上处于不同层次的农业、工业、服务业、信息业等在同一个产业网中相互渗透、相互包含、融合发展的产业形态。以下将对产业融合的理论、规制等问题做一些探索。

（一）产业融合的理论基础

1. 社会分工理论

马克思在前人研究成果的基础上，突破古典政治经济学家仅仅从经济学视域研究分工的局限，为分工理论诞生奠定了基础。

分工起源于原始社会的自然分工，随着生产力的发展，人类社会出现了三次社会大分工。因此，社会分工是生产力发展到一定阶段的产物。我认为，马克思社会分工理论内容非常丰富，但最重要的是认识和掌握以下三个方面的内容。有"分"才有"合"，只有深刻认识马克思社会分工理论，才能为当下产业融合发展做出新的解读。

（1）社会分工的必然性

马克思认为，社会分工是生产力发展和进步的结果，因此，马克思提出个体的劳动能力有限，无法适应社会生产扩大化，而分工可以将社会生产切割成许多个单元，充分发挥个体的优势。同时，他认识到劳动存在质的差异。比如，有社会发展阶段的差异，有人的差异，有资源的差异等，这些是社会分工的前提。此外，受教育程度、生理条件以及思想观念等因素的影响，不同劳动者在劳动能力上会出现分化。

马克思对社会分工必然性的论述，同样适用于当下我国的改革开放新时代。中国改革开放 40 多年来，经济得到跨越式发展，党和国家的治理能力日渐提高，为进行新时代社会分工奠定了良好的现实基础。但从我国的现实状况来看，东西部差异、城乡差异、沿海和内陆差异等地域发展差异也是客观存在的。在这种背景下，我们就要研究新时代社会分工专业化，并进一步研究传统产业与高新产业的融合发展问题。

（2）社会分工是协作

我认为，马克思提出的"协作"概念，是对英国古典政治经济学分工理论的一个超越。

亚当·斯密提出了"专业化"的概念，马克思发现分工系统中"协作"能创造社会生产力，又提出了分工效率源泉是劳动协作的理论。因此，马克思的"协作"概念相对于亚当·斯密的"专业化"范畴，既有社会属性上的高度契合，又有新的内涵和发展。在马克思看来，社会分工与协作是辩证统一的，它们是一个整体的两个方面。其中，协作是分工的效率保障，离开了协作，分工带来的高生产效率就不复存在，甚至会导致资源的浪费。我们通过对马克思有关协作理论的分析，可以认识到我国进入建设中国特色社会主义新时期之后，社会主要矛盾已经转化为人民日益增长的美好生活需要与不平衡不充分的发展之间的矛盾。在这种情况下，我们更应该保障分工与协作的辩证统一，坚持公平正义的价值取向，提高社会治理的公众参与度，缓解社会矛盾。

（3）社会分工是自觉分工

马克思所说的社会自觉分工，是指个人完全有条件根据自己兴趣和发展需要，去从事符合本人意愿的劳动。而社会自发分工，是指在生产力还没有高度发展的情况下，进行带有一定强制性的分工。我们从马克思对自发分工的解释来看，其存在两个内在风险：一是在物质财富没有极大丰富的情况下，生产难以摆脱对自发分工的依赖；二是强制性的分工会带来人的异化，在公共生活中表现为私人利益和公共利益的分裂。所以，必须推动自发分工向自觉分工发展，促使个人主体性得到最大发挥的社会才是良性社会。

劳动是自由、崇高、自主的。在社会生产力还不发达的条件下，自发分工是合理的。而在自觉分工的情况下，劳动成果实现共享，劳动形式不再成为束缚人们的工具，而是成为人们的一种追求。所以，我们要根据现阶段的发展水平，循序渐进地推进社会分工。社会自觉分工的最终愿景是实现人的自由全面发展。未来社会将充分容纳个人的发展，每个人都有机会发挥自身的最大能力，实现自由全面发展。这就是我们认识自发分工、自觉分工，以及产业融合理论的基础。

2. 国外产业融合理论

国外一直重视对产业融合理论的研究。1713 年，英国学者威廉·德汉在讨论光线的汇聚与发散时首次提出产业融合问题。随后相关研究扩展到气象学、生物学等众多领域。随着工业革命的爆发，生产力和生产关系出现了重大变革，在计算机及网络产业中也出现产业融合的概念。20 世纪 70 年代以来，随着以信息技术为核心的高新技术快速发展，一些基于工业经济时代大规模生产分工的产业边界逐渐模糊或消融，并在原有的产业边界处融合发展成新的业态,成为价值的主要增长点与经济增长的源泉和动力。理论界称之为"革命性"的产业创新。比如:1977年法悖和巴冉提出了计算和通信系统的融合;1978年麻省理工学院的尼古拉·尼葛洛庞帝展现了计算机业、出版印刷业和广播电影业融合发展的可能;1983年伊契尔·索勒·普尔提出传播形态聚合电子技术可以把所有的传播形态融入一个系统。我们应该这样说,国外有关产业融合理论的提出,对产业融合发展起到积极的推动作用。

笔者研究了国外产业融合理论有关资料,并参考薛金霞和曹冲的《国内外关于产业融合理论的研究综述》,以及李美云博士的《国外产业融合研究新进展》等研究,发现近几十年来国外的产业融合理论研究主要涉及以下内容。

(1)产业融合的概念

概念反映事物的本质,因此,有必要厘清产业融合的基本概念、含义、表述的一些主要观点和理论。英国学者赛哈尔认为:"某一种技术范式向不同的产业扩散,促使这些产业出现技术创新,进而产生产业融合。"这个观点提出之后,产业融合开始日益受到学界的重视,对产业间渗透、产业边界融合、产品整合、市场融合的研究都得到不断扩展与深入,研究内容从原本的电子信息通信、印刷、计算机等延伸到金融业、房地产业、旅游业、文娱业等相关行业。又如,美国学者格利斯坦和卡恩指出:"产业融合即为了适应产业增长而发生的产业边界的收缩或消失。"1997年,欧洲委员会绿皮书提出了产业融合三个角度的重合,分别是技术网络平台、合并及市场,并针对性地提出了发展趋势,认为融合不仅涉及技术领域,而且是一种促进就业的新手段。基奥和凡雷坎格斯认为:"基于价值主张、技术、市场、服务和管制等因素的干预,产业边界会收缩直至消失。"胡珀认为:"产业融合涵盖的五个维度,分别是基础技术融合、设备融合、网络融合、管制融合、企业融合。"林德认为:"技术革命变革引发了产业边界的重新界定,产业融合可以创造新的市场需求、扩大原本的市场范围，让原本的传统产业延长生命周期，实现产业创新。"

应该认识到，伴随着第三次技术革命，产业融合现象不断加剧，理论研究也层出不穷，产业融合不断走进大众的视野。但是，融合是两个或多个元素的聚合，是不同事物融为一体的过程。产业融合是复杂多变的，不以人的意识为转移。

（2）产业融合的类型

产业融合是一个非常复杂的经济现象，我们有必要了解国外对产业融合的类型是怎样认识的。

格林斯滕和汉纳提出："产业融合包括替代性融合、互补性融合。"之后，一些学者把产业融合分为产业渗透、产业交叉、产业重组三种组合形式。此外，还可分为改造型融合、互补型融合、替代型融合等。从分类方式来看，主要有以下三种：

第一，按产业性质分类。如格林斯滕和汉纳按产业性质将产业融合分为两个维度，替代性融合与互补性融合；彭宁斯和普赖那姆在格林斯滕和汉纳分类理论的基础上，又引入全新的两个维度，即需求与供给。综合来看，产业融合可分为需求替代性融合、需求互补性融合和供给替代性融合。而斯蒂恩格利茨将产业融合分为技术替代性融合、技术互补性融合、产品替代性融合、产品互补性融合四种。

第二，按产业融合过程分类。马尔霍特拉将产业融合分为功能性融合与机构性融合。他说，功能性融合是当购买者认为两个产业的产品具有相互替代性或互补性时发生的融合；机构性融合是假设企业间产品存在相关性时发生的融合。根据融合程度的不同，也分为高度融合、高功能融合和低机构融合三种不同的融合形式。我认为，产业融合的过程中，不仅有量的扩张，也有质的变化。

第三，按融合技术特点分类。例如，汉克林等将产业融合分为应用融合、横向融合、潜在融合三类。具体来说，应用融合是新解决方案形成的动力；横向融合是新技术与已知技术的融合；潜在融合是全新技术在未来的可能性。我认为，融合是对未知技术的一种探索，从实质上来看是一种创新。

（3）产业融合的动力

产业融合是社会经济发展的一种直接动力。我们先从国外有关产业融合动力的理论来看。波特认为，技术创新和技术融合是产业融合发生的主要动力。哈梅尔认为，政府放松管制、经济全球化、私有化、新技术应用正在使产业边界变得毫无意义。尤菲认为，应把政策管制、技术创新、管理创新和战略联盟等作为产业融合的动力。植草益认为，不同领域产业由于技术领域不断创新而可以相互代替，产业融合与技术创新和相关政策放松造成产业边缘模糊有着直接的关系。我们从国外产业融合成为产业发展驱动力的角度来总结，主要有以下三种观点：

第一，产业与技术融合成为发展动力。只有在技术创新中研发出替代产品，才能使原来产业的技术线路和竞合关系发生改变。所以，技术融合只是产业融合的诱发因素，而产业发展是技术融合的前提和基础。

第二，产业与市场融合成为发展动力。产业融合要得到实现，其中有一个必要条件就是与市场融合。只有创造出足够的市场需求，才能让技术融合和市场融合的价值得到体现。因此，企业在实现产业与市场融合的过程中，应该设计好商业模式，建立新型的竞争合作网络，实现资源共享，管控市场风险。

第三，产业与规制融合成为发展动力。产业融合与产业规制是紧密联系在一起的。因此，产业规制的放松，让原本自然垄断的产业可以凭借技术和自身优势互相介入，只有在政策和法制趋同的情况下，产业竞争与规制融合才会成为一种发展动力。所以，产业与规制的融合非常重要。

通过对国外产业融合理论的简要分析，我们认识了国外产业融合理论的一些基本情况和现实意义。

3. 我国的产业融合理论

从 20 世纪 90 年代开始，我国有关专家学者就开始了对产业融合理论的研究。2003 年，周振华出版了《信息化与产业融合》一书，他试图从电信、广播电视和出版等出现产业融合典型案例的产业出发研究产业融合，并将其扩展到更广泛的范围，建立产业融合的基本理论模型，寻求对产业融合进行一般性的解释，从而推动国内产业融合的理论研究。2006 年，于刃刚等出版了《产业融合论》，他们从产业概念及产业分类方法入手，从产业组织理论的角度来界定产业融合的含义与分类，并阐述产业融合的成因；从技术创新与规制政府变革及企业组织形式变化三个角度系统、深入地研究经济发达国家信息产业、金融业、物流产业及能源产业的融合现象，从而剖析产业融合对传统产业经济学的影响。他们认为，产业融合现象表明产业是一个动态的概念，产业的横向边界和纵向边界具有动态性。产业融合对产业组织政策与产业结构政策产生冲击。为了与产业融合发展趋势相适应，传统的国际标准产业分类方法需要进行相应的调整。他们还探讨了我国推进产业融合过程中面临的挑战与机遇，并提出相应的政策建议等。与此同时，一些学者发表了有关产业融合的论文，探索我国产业融合的战略和思路，这些对我国的产业融合起了积极的促进作用。比如，傅玉辉认为，产业融合在产业边界的突破——新产业形态中起到了革命性作用，在物质融合、结构融合、组织融合、制度融合等协同合作基础之上，电信和传媒产业之间实现了产业融合。刘雪婷认为，产业融合已经突破信息技术的局限，成为经济领域的普遍现象，能够催生新产品，拓宽新市场，使产业边界模糊化，最终实现产业整合。厉无畏认为，产业融合是通过资源、市场、技术等的相互渗透、交叉、重组，使不同产业实现融合，形成新兴产业的动态过程。李美云提出产业融合狭义、中义和广义的概念，认为狭义概念指数字技术发展过程中两种及以上产业的界限被打破，产业间的阻碍变得模糊；中义概念指服务部门的机构变化；广义概念指广泛的内容和范围，或产业的演化发展等。

从以上内容可以看出，国内的产业融合研究者已经认识到产业融合是在经济全球化与高新技术迅速发展的大背景下，产业提高生产率与竞争力的一种发展模式和产业组织形式。产业融合主要涉及以下一些理论和现实问题。

第一，产业融合推动传统产业创新。产业融合容易发生在高新技术产业与其他产业之间，其过程中会产生新技术、新产品、新服务，这从客观上就提高了消费者的需求层次，取代了某些传统的产品或服务。在这种情况下，产业融合改变着传统产业的生产与服务方式，促进其产品与服务结构的升级。

第二，产业融合促进产业竞争力的提高。技术融合提供了产业融合的可能性，企业把融合过程融入了各个层面，从而把产业融合转化为现实。在这种情况下，不同产业中企业间的横向一体化加速了产业融合进程，从而提高了企业竞争力、产业竞争力。

第三，产业融合可以推进区域经济一体化。产业融合提高了区域之间的贸易水平和竞争效应，加速了区域之间资源的流动与重组。同时，产业融合将打破传统企业和行业之间的界限，特别是地区之间的界限，利用信息技术平台实现业务重组，产生新的贸易效应和竞争效应。因此，产业融合将促进企业网络的发展，提高区域之间的合作水平。

（二）产业融合的规制基础

在产业融合的过程中，需要规制的保障。实际上，这个问题就是产业融合中政府的管制问题。我简单把产业融合的规制基础分为以下三个层面：一是规制原则，二是政策规制，三是规制与机构融合。

1. 产业融合的规制原则

1995 年，坡利特等人对欧洲普遍使用的二分法规制体系进行了系统分析和研究。他们认为，媒体和电信产业之间的融合，将在有关竞争性保护和多元化保护以及普遍服务等方面，与现行规制体系发生冲突。因此，在构建新的规制框架时，他们提出，构建新法律框架的主要原则有：第一，关于网络运送。电信技术融合发展并没有形成能够传输各种信息产品的单一网络，反而导致了多个更有效率的综合性网络并存的结果。因此，规制不必再遵循技术标准，而应该关注用户的选择，将管制重点放在网络接入和互联规则方面，并采用通用标准。第二，关于服务提供。多媒体市场的发展改善了各种家庭娱乐信息服务的质量，还丰富了它们的内容。因此，既要重视知识产权的保护，但又不能滥用。第三，关于服务的使用。多媒体市场首先是个公共市场，因此，新的规制必须反映消费者隐私保护问题。这些产业融合的规制原则，后来产生了积极的影响。

1997 年欧洲委员会发表的《电信业、媒体业和信息技术部门融合绿皮书》提出的未来管制政策的五项原则是：第一，规制应该局限于那些为了实现明确目标而确实需要规制的领域；第二，未来的规制方法应该反映用户需求；第三，政府应该根据预期的需求来制定规制决策；第四，政府部门应该努力营造有利于参与的融合环境；第五，独立和有效的规制者将成为融合环境核心。

这应该说是官方较早发表的产业融合管制政策，它比较系统地规定了未来管制政策的基本原则和精神实质。

1999 年国际电信联盟连续发表了《电信规制时代的政府作用》《网络的挑战》《电信改革趋势和国际互联网的发展：融合与规制》三份研究报告。第一份是关于发展中国家中电信规制作用的专题调查报告；第二份是探讨国际互联网对国民经济当前与未来影响的报告；第三份是以全球化视野分析产业融合对规制机构近期与远期影响的报告。这三份报告的共同点是认为数字网络的引入对世界经济已经并将继续产生深远的影响，数字技术使传媒、电信和计算机融合产生了 $1＋1＋1＞3$ 的效应。但产业融合在获得规模经济并减少交易成本的同时，也采取了违反竞争原则的行动，这是对现行规制提出的挑战。上面的三个报告，为我们研究和制定产业融合规制提供了一些参考。

国内目前对产业融合的规制原则还没有专门的规定，但关于产业融合规制原则的思想都体现在有关改革开放的文件中。因此，我认为，为了适应全球经济发展的需求，我们应制定符合中国实际的产业融合规制原则，加快我国产业融合的脚步。

2. 产业融合的政策规制

欧洲委员会发表的绿皮书，在欧盟掀起了一场关于产业融合与政府规制的大辩论。后来，许多国家和国际组织纷纷展开对产业融合的考察，并制定促进产业融合的政策。例如，1998 年英国发表了《通信规制绿皮书：信息时代的融合途径》与《融合技术：新知识经济的结果》。前者主要集中讨论了融合对涵盖广播和电信业的规制框架的影响，后者主要评估了信息系统、电信与广播融合之后，对企业、政府政策以及其他产业的潜在影响。

与此同时，经济合作与发展组织也发表一些有关产业融合的研究报告。例如，1998 年《交叉持股与融合：政策问题》、1999 年《面向融合的广播业的规制和竞争问题》与《互联互通与国际互联网：局域网络与骨干网络层面上的规制和竞争问题》等。这些报告认为，规制政策应该直接鼓励网络服务提供商运用价格策略，积极推动互联网的接入。经济合作与发展组织发表的有关产业融合的研究报告，对各国产业融合发展是有导向性作用的。

为了加快产业融合步伐，我国应该在产业融合实践的基础上，结合国情，尽快制定相关政策及规制。我认为，制定政策及规制，是保障产业融合发展的基础。只有有了规制，我国产业融合才能健康发展。

3. 规制与机构融合

马尔霍特拉认为，信息产业融合导致了跨产业边界服务的出现，这个变化使得传统上那些确定的产业边界，尤其是针对某一个产业设置的规制机构难以有效地发挥作用。在这种情况下，应该对原有机构的组织功能进行调整，使其适应新的产业环境。例如，传统上按产业类别进行规制的公共传输与有线电视及大众媒体等部门，技术融合后都能提供多种服务，应该按照功能重新对它们进行归类和管理。如果继续沿用原来的组织结构，就会造成矛盾和混乱，以及各方资源的浪费。

与此同时，杰拉丁将研究的范围拓展到所有网络产业，他认为，融合是网络产业的主要发展趋势，各种网络产业间的融合可在网络设施、服务、商业战略三个层面上发生。从融合模式来看，可分为：一是深度跨产业融合，如电信、音像和信息技术产业部门间的融合；二是松散融合，即多效用模式，如电力和电信部门之间的融合；三是特殊合作（融合），如铁路和航空运输业之间的合作。显然，针对各产业部门单独制定规制，是很难适应不断发展的形势的。因此，必须进行调整或彻底变革。

我认为，规制与机构融合问题，其核心是要考虑融合中各方面的利益和关系。因此，我们应该重视规制与机构融合的重要作用，才能充分发挥产业融合中各方的作用。

第二章

产业融合的实现方式

CHANYE RONGHE
DE
SHIXIAN FANGSHI

要深入认识产业融合，必须了解产业融合的方式，尤其是要了解传统产业与科技产业融合的实现方式、互联网产业与相关产业跨界融合的实现方式、金融产业与文化产业融合的实现方式。与此同时，要把握服务创新、投资和消费等问题，使各方得到共赢。

一、产业融合延伸与渗透的实现方式

产业延伸与渗透是产业融合的一种重要方式。企业经过产业延伸与渗透，就可以实现产业质的提升与量的扩张，抓住新的发展机会。

1. 产业融合延伸与渗透的基本框架

产业融合延伸就是原产业通过多种联动和渗透方式，逐步形成新产业的动态发展过程，目前，其已经成为一种国际产业发展趋势。特别是信息技术产业的延伸，有利于促进以信息技术为核心的新技术革命。

第一，从产业融合延伸与渗透的客观性来看。产业融合的延伸与渗透是遵循着一定发展规律进行着的，既是一种主观意识，也是一种智慧的表现。但是，产业融合延伸与渗透的过程，也是受到客观规律支配的。同时，融合是能推动事物发展、促进社会进步的。如就制造业而言，推动先进制造业与现代服务业深度融合，就是产业链延伸、提升、渗透、创新的过程，可以不断推动产业链向高端迈进，提升产业的国际竞争力。因此，我们从产业延伸、提升、渗透、创新的四个层面做一些分析。

首先，从延伸层面上来看。具体表现为两个方面：一是由制造环节向前延伸，加强创意、工业设计、技术研发、成果转化等环节；二是由制造环节向后延伸，加强检测、营销、服务等环节。这样，就能使制造环节向研发设计与营销服务两端延伸，从而形成产业链条，将优势由单一环节扩展至整个链条。

其次，从提升层面上来看。具体表现为两个方面：一是通过工艺改进、技术改造手段等不断提升产品品质，降低制造过程的能耗和成本；二是进行产品品牌的塑造与维护、形象的提升与传播等。这样，能在单一环节上不断提升产品品质与竞争力。

再次，从渗透层面上来看。具体表现为：将新技术、新理念、新管理方法等渗透到市场调查、产品设计与研发、生产制造、销售、售后服务、产品报废回收等产品生命周期的全过程，从而提升每个环节的现代化水平与竞争力。

最后，从创新层面上来看。具体表现为：将先进制造业与现代服务业进行深度融合，创新出新的业态。

我们通过对上面有关情况的分析，可以看到产业融合延伸与渗透过程的客观性和规律性。

第二，从产业融合延伸与渗透过程的资源配置来看。我们知道，随着产业分工的细化，区域间各种要素的流动会加快。在这种情况下，需要经济要素有序自由流动，资源高效配置，才能推动产业延伸和发展。在我国继续扩大开放的背景下，更要以开放促进融合，消除市场壁垒，推动要素自由流动，实现区域间资源共享和合理配置，提高发展优势和竞争力。例如，可以在产品中加入文化元素或者创意设计，这种用创意提升产品附加值的方式是制造企业常用的。又如，可以在产品外形、结构、功能、材料、工艺等方面进行文化创意设计，使其具有文化特色，以提升品牌知名度。由此看来，将文化元素植入制造业产业链中，赋予企业文化内核、文化属性、文化精神和文化价值，将会大大提升企业创造能力和盈利能力。

第三，从产业融合延伸与渗透的需求多元化来看。社会在发展，人的需求也在不断增加。在这种情况下，个性化、多元化、定制化也将成为一种趋势。只有不同产业相互融合并向各个领域延伸渗透，才能满足多元的市场需求。或者说，多元化需求加速了产业的融合与延伸。例如，在设计创新、服务创新、引进人才方面，可以利用高校的优势，积极开展校企创新合作。同时，也要引进国外技术专家，加快创新步伐，逐步打破国外核心技术垄断，培育新一代高技术人才。又如，文化创意产业通过多路径推动制造业转型升级，甚至在产业融合中催生出新制造模式与新的生产性设计服务等创意经济，并通过文化产业与制造业的深度融合，打造企业新的竞争优势，提高盈利能力。

第四，从产业融合延伸与渗透产生的经济发展空间来看。产业融合延伸与渗透发生在同一产业、不同产业之间，这类融合延伸渗透会产生很大的经济发展空间。我国是一个农业大国，近几年来，我国农村第一二三产业充分开发农业的多种功能和多重价值，通过产业间的相互融合、前后联动、互相渗透、交叉重组、要素聚集、跨界配置等方式，使农村第一二三产业出现新技术、新业态、新商业模式。比如说，要引导农民以资金、土地经营权、交售农产品入社或入股的方式组建合作社，发展农产品加工。又如，新技术、新业态要向农业各个环节渗透融合，使产业边界逐步模糊化。因此，要使"大数据"和"互联网＋"等新一代信息技术向农业生产、经营、服务领域渗透，发展农村电子商务、农商直供、产地直销、食物短链、社区支农、会员配送、个性化定制等。还有，随着农村产业的融合发展，第一二三产业间的互补延伸、各种高新技术间的渗透融合都更加深入，融合发展主体产生了多元化的金融需求，急需金融机构深化改革、激发活力，大力推进金融产品和服务方式创新。

所以，要加快推进知识产权、股权质押、收益权融资等业务，积极实施投贷联动，支持农村新业态的发展壮大。要推进银担信组合贷款、产业供应链贷款、小额保险保证贷款、融资租赁等业务，为融合发展主体提供多元化融资渠道。农村的第一二三产业融合，以农业为基本依托，以新型经营主体为引领，以利益联结为纽带，通过产业联动、要素集聚、技术渗透、体制创新等方式，将资本、技术以及资源要素进行跨界集约化配置，使农业生产、农产品加工和销售、餐饮、休闲以及其他服务业有机地整合在一起，使得农村第一二三产业之间紧密相连、协同发展，最终实现农业产业链延伸与产业范围扩展和农民增收。如果要做到上述内容，就要在拓展产业融合链上下功夫。

产业融合的延伸与渗透使企业发展出现上下联动与前后左右同步增长的态势。我们以浙江英冠控股集团公司为例。浙江英冠控股集团经过20多年的发展，从一家房地产开发公司成为一家综合性和多元化的企业集团。它在发展的过程中，就体现了产业融合的延伸与渗透。从房地产业务的层面上来看，英冠涉及房地产开发和销售、建筑工程建设和管理、建筑材料的贸易和供应等；从房地产与酒店业的融合层面上来看，它涉及房地产与文旅和酒店业跨界经营；从房地产与商业的融合层面上来看，它涉及房地产、商业和物业的多元化经营；从房地产与文化产业的融合层面上来看，它涉及传统产业与创意产业的探索和经营。从纵向来看，有房地产、建筑、物业、贸易的融合；从横向来看，有房地产、酒店业、商业的融合；从产业交叉来看，有房地产、文旅、文化产业的融合。浙江英冠控股集团公司在经营中注重突出自己的特点和个性，将业务向产业链的上下游延伸与渗透。比如说，浙江英冠集团公司许多房地产项目都是商业综合体性质的大型项目，这些项目都是当地政府的重点项目。但由于地理位置都不是处于区域中心，往往没有被人发现或看好。在这种情况下，浙江英冠控股集团公司以自己的独特眼光和经营理念，分析项目的市场前景之后，先后成功开发了杭州滨江区的"印象城"（杭州华美达酒店）、杭州钱塘区的"天地城"（杭州香玉酒店）、杭州钱江世纪城的"水天城"（杭州龙湖冠寓酒店）、杭州萧山区的"乐创城"（英冠索菲特酒店）等大型公建及住宅项目。同时，其主业房地产业还联合下属的建筑工程公司、商业经营管理公司、物业经营管理公司等，通过产业融合延伸与渗透的方式，既为实体经济架设发展桥梁，也为控制风险和控制成本提供有效的办法。

2. 产业融合与技术融合

我认为，产业融合中的技术融合是一种重要现象，特别是在高新技术及其产业中，技术融合会打破原有产业界限，逐步催生出新的融合型产业。技术融合的前提条件是产业之间要有共同技术基础，才能通过技术渗透，实现产业延伸，形成产业融合。但是，融合是否成功，首先取决于技术要求，然后取决于市场需求，最后取决于制度和政策环境。产业融合中的技术融合，以技术融合为前提，以市场融合为导向，在制度和法规的保障下，最终得以实现。

第一，从以技术融合为前提来看。我通过对产业融合中的技术融合进行分析，认识到要注意产业之间的渗透方式问题。比如说，高新产业与传统产业融合、产业之间的延伸型融合、产业内部重组型融合以及新产业对传统产业的替代型融合，都有其独有的特点和性质，并呈现出其规律性，但可以以"技术驱动—内部融合—外部融合—空间网络融合"为技术路线，体现技术融合的先导作用。

第二，从以市场融合为导向来看。随着技术发展步伐的加快，产业融合中的技术融合已经作为提高生产率和竞争力的方式，直接给产业发展和经济转型注入了新的动力。同时，随着技术进步、管制放松与管理创新，产业边界和交叉处又会产生新的技术融合，这就改变了原有产业的特征，也导致同一产业不同行业之间出现相互渗透，彼此间呈现出一种新型的竞争与合作关系，充分体现了市场的融合导向作用。

第三，从制度与法规角度来看。技术融合是产业融合的前提条件，但技术融合能否发展成产业融合，不仅取决于市场需求，还取决于制度和政策环境。因此，我们可以这样说：制度与法规是产业融合的一个重要保障。

产业融合中的技术融合具有一定的复杂性。所以，在研究产业融合中的技术融合时，一定要从技术、市场、法规三个角度入手，科学地掌握三者的辩证关系。

3. 产业融合延伸过程中的体制创新

我认为，产业融合延伸过程中的体制创新，是一个关键问题。要建立现代创新治理结构，明确政府与市场分工，持续推进简政放权、放管结合、优化服务改革，才能推动政府职能从管理向创新服务转变。而企业的管理创新，应该符合现代企业管理机制，做到分工精细、长短并用，采用直线职能制等创新管理模式。这些举措既有利于产业融合延伸的体制创新，也有利于产业融合与发展。

第一，从建立促进一体化融合发展的产业政策体系来看。可以研究逐步减小服务业和制造业之间在税收、金融、科技、要素价格方面的政策差异，降低交易成本。这是建立一体化融合发展产业政策体系的一条途径。

第二，从进一步推进"放管服"改革方向来看。推进"放管服"改革和营造适合产业融合创新发展的生态环境，是推动新服务、新业态、新模式发展的需要。尤其要强化大众创业、万众创新和"互联网＋"政策的引导，充分利用众创、众包、众扶、众筹等服务平台，进一步促进创客、公共服务、消费者与企业之间的互动融合。这是加大改革力度，破除垄断壁垒，优化服务业发展环境的一个基本要求。

第三，从进一步推进产业与金融结合来看。推进产业与金融结合是实现金融要素服务实体经济的办法，因此，我们要加强金融业务监管，使更多金融资源被配置给实体经济，这样才能全面提升金融服务实体经济的效率和水平。

第四，从加强知识产权的保护和运用来看。应该进一步完善与专利权、商标权、著作权、商业秘密保护等相关的法律法规，研究完善知识产权保护制度，完善互联网、大数据、电子商务等领域的知识产权保护规则，促进企业知识资产的积累，提高企业开展服务的水平和能力。只有这样，才能体现知识产权保护和运用在产业融合延伸中的作用。

二、产业重组与融合的实现方式

产业重组与融合的实现方式方式很多，我们在理论与实践上可以从不同的角度进行概括。我在这里试图从"纵横交错"的新思维和新视角，深入观察和探索产业重组与融合的实现方式。

1. 产业重组的纵向融合实现方式

产业重组的纵向融合方式，就是通过向上下游延伸产业链条，纵深发展，提升产业附加值。这种产业融合方式的特点和表现有：一是推动第一产业、第二产业向下游纵向延伸，与第三产业融合发展。例如，农业与旅游业融合，发展农家餐饮与住宿、农产品购物、农事活动体验等休闲农业业态，提升传统农业种植、养殖业附加值；工业与旅游业融合，发展工业旅游观光，提升工业旅游体验、工业产品购物体验等，促进工业产品的销售、创意制作等。二是推动第三产业向第一、第二产业延伸。例如，发展旅游休闲器材装备制造、旅游休闲食品原料种植养殖等，形成纵向融合发展态势。

下面我们以旅游业为例，对旅游业与教育、文化、养生三个产业的融合，做一个简要的分析，以便从产业重组的纵向融合实现方式中，得到一些经验和启示。

第一，从旅游业与教育产业的融合来看。旅游业与教育产业融合，除了可以针对中小学生发展户外教育旅游休闲产业外，还应该注重发展针对旅游休闲服务的培训教育机构、承接休闲旅行业务的"国学堂"等。旅游业与教育产业的融合，有着广阔前景和市场空间。

第二，从旅游业与文化产业的融合来看。旅游业与文化产业的融合发展，可以激活文化，让优秀的传统文化焕发活力，增强旅游业的内涵和特色。比如说，建立文化主题餐饮、文化主题住宿、文化主题娱乐等业态；通过产业化融合私人博物馆、书画院等。旅游业与文化产业的融合，在我国有非常大的发展潜力。我国有数千年的文化宝库，这是取之不尽、用之不竭的源泉。

第三，从旅游业与养生产业的融合来看。随着现代人消费观念从"健康消费"到"健康投资"的转变，养生日益成为人们的一种刚性需求。因此，旅游业与养生产业的融合，具有较好的发展前景。比如说，旅游业向上游发展可以融合中医药种植业，向下游发展可以联系康复疗养业等业态。我国有14亿人口，旅游业与养生产业的融合，可能会催生出一个非常庞大的产业。

2. 产业重组的横向融合实现方式

产业重组的横向渗透融合，就是不同产业之间相互叠加、渗透、融合并形成新的产业类型。例如，传统旅游业与文化娱乐、体育、养生、教育、会展等产业之间的叠加与融合，会形成文化旅游休闲、体育旅游休闲、养生旅游休闲等产业形态。产业间的横向融合，要通过产产互动、产融互动、产网互动、产才互动，来实现效率提升。

第一，从产产互动，注重提升规模来看。我认为，产业重组的横向融合是打破产业链上下游的原有限制，寻找产业链其他环节的进入机会，实现业务从低附加值到高附加值的发展，实现转型升级。在这种情况下，产产互动与提升规模呈现出目的的一致性，从而推动产业重组的横向融合发展。

第二，从产融互动，注重提升盈利来看。我认为，产业重组的横向融合打破了自身行业与金融业间的行业壁垒。企业要在产业链各环节进行业务布局，延伸相应的金融属性，就要实现产融多元化互动并保障企业盈利水平。在这样的情况下，产融互动有利于促进产业重组的横向融合发展。

第三，从产网互动，注重辅助扩展来看。我认为，产业重组的横向融合可通过互联网领域进行突破。因此，企业应该沿着产业链条、金融链条，找寻具有互联网属性的中间环节，并通过互联网化整合的方式，打通线上线下交互渠道，导入平台资源，吸引线上关注，扩大企业综合影响力。在这样的情况下，产网互动呈现出时代性，从而推进产业重组的横向融合发展。

第四，从产才互动，注重人才作用来看。我认为，产业重组的横向融合应以人才整合、产业联盟的方式，搭建面向全业务链条的交互平台，实现产才互动，增强企业影响力，促进企业未来发展。

3. 产业重组的交叉融合实现方式

产业重组交叉融合是在关键产业的引领下，以重要产业的价值链为切入点、以关键产业的核心竞争力为支点进行的。产业的纵向延伸融合和横向渗透融合都依托于其他产业的发展。而从对产业重组交叉融合的分析来看，它是以核心和关键产业为主导的。例如，旅游产业要以旅游休闲业为主导，以旅游休闲度假区、旅游休闲产业集聚区、旅游综合体等为表现形式。旅游产业自身进行重组与融合之后，才能与其他产业进行融合交叉、相互渗透，从而形成一个新的产业体系。又如，第一产业中的种植业、养殖业、畜牧业等子产业之间，可以以生物技术融合为基础重新整合，形成生态农业等新型产业形态。所以，我认为，在信息技术高度发达的今天，重组融合更多地表现为以信息技术为纽带的、产业链上下游的重组融合。融合之后，生产的新产品既表现出数字化、智能化和网络化的发展趋势，也充分体现出重组融合的重要成果。企业重组的方式应该体现在优化管理结构、优化人力资源配置、提高效率等方面，最终目标是实现产业升级，并通过科技手段达到提高效能的目标。

三、产业创新与融合发展的实现方式

创新与发展是产业融合的永恒主题。在产业创新与融合中，除了科技创新成果的转化问题外，更多的是产业融合方式问题。目前学界对前者关注较多，但对后者关注较少。所以，这个问题应该引起我们的重视。

1. 产业创新与科学创新融合的实现方式

科学技术已经成为经济发展和社会前进的首要推动力量，科学技术向现实生产力的转化，科学精神和思想观念对生活方式的渗透，已经非常深刻地影响到我们现实生活的各个方面。在这种情况下，探索产业创新与科学创新融合的方式，就成为摆在我们面前的重要任务。

第一，从产业化创新与科技创新相结合来看。我认为，产业化创新介于科技创新与产业创新之间，是两者的桥梁。因此，产业化创新要强调以创新产业技术为目标的科学研究，也就是以产业创新为导向，而产业化创新的重点环节在科技创新成果转化为新产业技术环节。所以，创新成果产业化，就体现了科技创新与科技创业的融合。

第二，从科技创新与市场优化创新相结合来看。我认为，科技创新是引领发展的第一动力。因此，以科技创新驱动高质量发展，加快转变发展方式、优化经济结构、转换增长动力，有利于坚持科技创新与产业发展相结合，促进科技创新与实体经济融合发展。进行科技创新需要优化创新市场环境和条件。所以，我们要通过深化改革，规范政府职能，完善公平的市场环境，才能发挥创新型企业的引领作用。

第三，从科技创新与实体经济发展相结合来看。我认为，振兴实体经济是建设现代化经济体系与实现高质量发展的根本要求。因此，要推动互联网、大数据、人工智能与实体经济的深度融合。当前，以互联网、大数据、人工智能为代表的新一代信息技术蓬勃发展，催生出新产业、新业态、新模式。所以，以科技创新驱动高质量发展，必须促进科技创新与实体经济的融合发展。但是，随着信息技术与人类生产和生活融合，全球数据量呈现出爆发式增长。在这种情况下，我们要依托大数据技术建立相应的技术共享数据库，积极推动大数据技术在科技创新中的深度应用，加快实体经济的发展进程。我国作为世界制造业第一大国，应以智能制造为主攻方向，推动科技创新特别是人工智能与制造业的深度融合，坚持科技创新与实体经济发展相结合，促进科技与经济深度融合。与此同时，要充分发挥企业的创新作用，推动科技创新成果真正与产业链匹配，发展高科技，推动产业的转型升级，增强创新发展的辐射功能，真正实现科技创新与实体经济融合发展。

2. 产业创新与绿色发展融合的实现方式

随着世界经济产业结构的软化和绿色化，发展绿色经济已经成为一个重要趋势。"绿色经济"概念初见于经济学家皮尔斯在 1989 年出版的《绿色经济蓝皮书》，21 世纪，绿色经济已经是国际经济的重要组成部分，当前，许多国家都把发展绿色产业作为推动经济结构调整的重要举措。因此，产业创新与绿色发展也成为中国特色社会主义生态文明建设的重要环节。坚持产业创新与绿色发展相融合，就是坚持"生态优先、绿色发展"的理念。

第一，从产业创新与绿色发展面临的挑战来看。我认为，当前全球气候变化已经引起了一系列环境问题，各国面临着许多共同的严峻挑战。从我国的情况来看，经济的持续增长，对温室气体排放量的控制不足，导致减排任务压力巨大。我们要从根本上实现节能减排，就要调整产业结构比重，研发节能环保技术和产品，减少能源消耗和污染物排放，大力发展绿色低碳经济。可以这样说，当下的产业创新与绿色发展需要深度融合，只有这样，才能迎接挑战，把握好融合发展的机遇。

第二，从产业创新与绿色发展的价值取向来看。我认为，绿色发展是一种和谐发展，它体现了人与自然和谐共生、融合发展的价值取向。为了长远利益与子孙后代的生存发展，应该保护好自然生态并节约资源，坚持遵循低碳的现代生态文明发展观，走绿色发展的道路。产业创新与绿色发展的融合，既体现我们的价值取向，又反映我们的发展观。

第三，从产业创新与绿色发展对提高竞争力的作用来看。我认为，产业创新与绿色发展将成为一个国家国际竞争力的核心要素。在这种背景下，我们应该全方位提升核心竞争力，特别是要在创新的人才、技术、标准、信息网络、数据库、软件、知识产权、平台等方面抢占先机，使我国的绿色经济成为国家竞争力的重要组成部分，在新一轮产业革命中得到更好的发展。产业创新与绿色发展融合，既体现科技创新，又反映核心竞争力。

第四，从"绿水青山就是金山银山"理念来看。我认为，要牢固树立"绿水青山就是金山银山"理念，就要一手抓产业创新发展，一手抓生态环保，寻找产业创新与生态环保融合的新路子。每个地方都要发挥生态资源优势，创新城市规划和设计理念，推动新型城镇化与产城融合发展，促进新兴产业与绿色经济的快速发展。

3. 产业创新与开放创新融合的实现方式

在新的发展背景下，我们要坚持科学发展导向，深化改革开放，加快转变经济发展方式。进行产业创新与开放创新，推进产业合作和与对外开放，是社会经济发展的客观要求。

第一，世界经济发展需要产业创新与开放创新。当前世界正处于大发展、大调整、大变革之中。但是，受到新冠肺炎疫情的影响，经济全球化出现了一些新情况和新问题，其中有的严重阻碍了国际经济与科学的合作。在这种背景下，世界经济发展更加需要产业创新与开放创新的融合。目前，科技进步与创新已经成为推动经济社会发展的主导力量。在这种情况下，产业创新国际化的实质是突破产业边界和国家边界的限制，利用和整合全球创新资源，集成创新活动所需要的各种要素，吸收和输出技术成果，以实现产业整体的升级与融合发展。

第二，从我国新兴产业发展要求产业创新与开放创新来看。我认为，战略性资产在新兴产业发展中能够为产业带来竞争优势，特别是在产业发展初期，可以为产业发展奠定基础起到重要的作用。为了促进我国战略性新兴产业的发展，我们需要与各方合作，加快研发步伐。也只有这样，我国战略性新兴产业的发展，才能融合各种优势和资源，突破技术上的瓶颈，向国际化方向迈进。

第三，从全球经济合作急需产业创新与开放创新来看。我认为，我国急需深化对外开放，促进国际竞争力提升。目前，我国作为世界第二大经济体，居于全球产业链与供应链的"肱骨"环节，不可"断链"或"掉链"。因此，我们要善于运用更加积极的开放策略和创新机制，把国际市场的上中下游厂商拴牢。与此同时，要借助大数据、物联网、人工智能、区块链等新技术，以及其带来的新模式和新业态，加快新经济的培育，以改革和创新驱动我国产业链、供应链、价值链进一步发展。只有这样，才能进一步提高我国在全球产业链中的地位和竞争力，并积极主动化危为机，开创全球经济合作与产业创新的新局面。

第三章

互联网时代的产业融合

HULIANWANG SHIDAI
DE
CHANYE RONGHE

互联网时代的产业融合是伴随着技术变革而出现的一种经济现象。自 20 世纪 70 年代以来，以信息技术为代表的高新技术及其产业的发展，直接导致一些基于工业经济时代大规模生产分工产生的产业边界逐步模糊，并在原有产业边界处发展出新的产业形态，成为经济增长最具活力的源泉。从产业融合发展进程来看，贯穿其中的主线是技术带来的环境变化。比如说，阿里巴巴、腾讯、百度等互联网企业的发展，使互联网技术渗透到其他传统产业，形成了产业融合的新局面。

在这个社会历史背景下，我们应该认识到产业融合将引领我国互联网发展的新时代。2019 年 1 月，波士顿咨询公司携手阿里研究院和百度发展研究中心，在北京发布《中国互联网经济白皮书 2.0——解读中国互联网新篇章：迈向产业融合》。该报告指出，中国互联网行业的产业融合趋势进一步得到加强，并带来数字化发展路径及独特的商业模式，这对未来我国互联网企业的发展有着重大指导意义。所以，我们应该深入研究这个关于互联网新时代产业融合的文件，积极探索互联网时代产业融合发展的问题。

然而，随着"互联网＋"时代的到来，产业融合将逐步发生改变，这对经济社会发展的影响深远。在信息化社会，"互联网＋"时代会带来一系列的产业变革，我们需要研究的产业融合问题很多。但是，应该注重研究高新技术与传统产业融合问题、区域合作与跨界产业融合问题、数字经济与文旅产业融合问题。这有助于帮助我们正确认识互联网时代产业融合的特点和规律，加快互联网时代经济的发展。

一、高新技术与传统产业融合

高新技术产业与传统产业要融合发展，必须充分利用科学技术革命带来的巨大变革，选择走科技含量高与经济效益好的产业融合发展道路。在这种情况下，高新技术与传统产业的融合，就需要寻找让各个产业中相关融合要素互补匹配的路径，从而促使原产业边界处生发出新的产业。或者说，通过高新技术与传统产业的融合，在整体功能上形成产业独特的竞争力，其成为一种发展基础和创新动力，促进产业的持续增长。

1. 高新技术与传统产业融合的必然性

产业融合既有历史的必然性，也有其规律性，更重要的是能提高产品附加值和市场竞争力。我们从三个方面来认识高新技术与传统产业融合的必然性问题。

第一，从高新技术替代传统产业是历史发展的必然规律来看。我们知道，传统产业是支撑我国经济发展的重要力量，但是，随着知识经济时代的到来和我国经济与世界经济的融合，传统产业正面临着严峻的挑战。在这种社会历史背景下，我国加快传统产业改造和提升是历史的必然。我们从近几年来国内许多城市对传统产业进行高新技术改造的经验和成果来看，高新技术向传统产业扩散的模式大致可分为融合型与转移型两大类。融合型分为设备（工艺）融合型、产品改造融合型、软件技术与硬件技术融合型以及混合融合型。转移型分为部分转移型和全部转移型。企业发展阶段不同，对产业扩散模式的选择也会有所不同。高新技术改造传统产业是传统产业发展的一种新模式，有着深远的意义。

第二，从科学技术与传统产业融合是社会生产力发展的必然结果来看。有关资料显示，目前传统产业在我国国民经济中占 75% 以上的比重。因此，利用高新技术改造传统产业已经成为我国国民经济发展的一个重要趋势。所以，我们在研究如何利用高新技术改造传统产业时，应首先对传统产业对高新技术的需求进行全面分析，力求利用有利因素完成高新技术对传统产业的改造，建立起有中国特色的现代工业体系。同时，我们应该认识到传统产业的转型升级与大力发展，也为高新技术产业与传统产业的融合开辟新的道路。特别是我国的传统产业中，还包括一部分农业及小部分第三产业，它们的发展及壮大在工业化的第一阶段为我国经济发展奠定了基础。但是，传统产业更多是以粗放经营方式为主，以劳动密集型、资本密集型产业居多，其发展总量虽然比较可观，却是以高能耗、高污染、低附加值为代价的。在这种情况下，高新技术产业的高智力、高投入、高风险、高收益等特点，也决定了传统产业与高新技术融合发展的路径。或者说，高新技术的发展，既能够带动产业发展，又能对经济增长起到积极的作用。

第三，从高新技术与传统产业融合是提高产品附加值和竞争力的必然选择来看。我国传统产业产品附加值低、产能过剩、产品易积压，高端产品的供给又严重不足。过去，我国经济增长主要是以投资需求拉动为主，但随着投资消费需求从膨胀转化为不足，出现了附加值低的制造业产品积压现象，处于产业链条低端部分的产能严重过剩。与此同时，高新技术商品化能力不强，导致高端产品供给不足，供需结构性失衡矛盾日益突显，国内对高端产品的需求依赖于进口。所以，随着我国高新技术的不断发展，以高新技术为支撑的高新技术企业提高产品附加值与竞争力也是一种历史必然。

2. 高新技术与传统产业融合的特点

不少国家和组织对高新技术产业有过界定。例如，美国商务部提出的判定高新技术产业的主要指标有两个：一是研发与开发强度，即研究与开发费用在销售收入中所占比重；二是研发人员（包括科学家、工程师、技术工人）占总员工数的比重。此外，产品的主导技术必须属于所确定的高新技术领域，而且必须包括高新技术领域中处于技术前沿的工艺或技术突破。根据这一标准，高新技术产业主要包括信息技术、生物技术、新材料技术三大领域。又如，经济合作与发展组织也用研究与开发的强度定义及划分了高新技术产业，并于 1994 年选用 R&D（科学研究与试验发展）总费用（直接 R&D 费用加上间接 R&D 费用）占总产值比重、直接 R&D 费用占产值比重和直接 R&D 费用占增加值比重三个指标，重新提出了高新技术产业的四分类法，即将航空航天制造业、计算机与办公设备制造业、电子与通信设备制造业、医药品制造业等确定为高新技术产业。这一分法为世界大多数国家所接受。其他国家也有相关规定，例如，加拿大认为，高新技术产业是否认定，取决于由研发经费和劳动力技术素质反映的技术水平的高低。澳大利亚将新工艺应用于新产品制造作为判定的显著标志。上面这些是国外的认定标准，是值得借鉴的。而我国的高新技术产业通常是按照产业的技术密集度与复杂程度来作为衡量标准的。根据我国的相关规定，我国高新技术产业的统计范围包括航天航空器制造业、电子及通信设备制造业、电子计算机及办公设备制造业、医药制造业和医疗设备及仪器仪表制造业等行业。高新技术与传统产业融合主要有以下四个特点。

第一，通过高新技术与传统产业融合，产品更换周期加快。2002 年国家有关部门发布的《关于用高新技术和先进适用技术改造提升传统产业的实施意见》中提出，传统产业在今后相当长的一段时间内，仍是我国国民经济发展的主体和促进经济增长的基本力量。因此，我们应该认识到，高新技术与传统产业的融合，要在大力发展新兴产业和高新技术产业的同时，积极运用高新技术与先进适用技术，加快促进传统产业的技术升级和产品换代，增强传统产业的整体素质和竞争能力，提高传统产业的发展速度和质量效益。在这种情况下，高新技术与传统产业融合之后，产品更新换代的周期加快，特别体现在制造业方面。比如说，2020年新冠肺炎疫情期间，我国提出"新基建"计划，这给高新技术与传统产业融合带来机遇，产品更换周期加快已经成为一种事实。到2020年底，我国建成超过60万个5G基站，这些基站是"新基建"的众多工程之一。"新基建"旨在进一步深化物联网与实体经济的深度融合。这不仅使我国在自动化程度方面占据主导地位的制造业重新获得优势，而且也加快了产品更换的速度。与此同时，要通过大数据、人工智能、区块链等新一代信息技术，加大提升产能和效能的力度，尽快缩短我国与发达国家在这方面的差距，并用创新加快产能和效能的提升，达到促进产业融合的目的。

第二，高新技术与传统产业融合后，研发费用比例增大。2008年，我国对高新技术企业会计年度的研究开发费用总额占销售收入总额的比例有过规定：年销售收入小于5000万元的企业，比例不低于6%；年销售收入在5000万元至20000万元的企业，比例不低于4%；年销售收入在20000万元以上的企业，比例不低于3%。其中，企业在我国境内发生的研究开发费用总额占全部研究开发费用总额比例不低于60%。因此，我们应该认识到高新技术与传统产业融合后，研发费用比例在逐步增大。

第三，通过高新技术与传统产业融合，产品科技含量提高。科学技术的每一次重大突破都会推动产业变革与升级，在这种情况下，新技术与传统产业融合会催生出大量潜力无限、前景广阔的新兴产业。例如，新能源技术与传统汽车产业融合，催生了新能源汽车产业。又如，用新技术改造传统产业装备，又大大提高了产业技术装备水平。由此看来，高新技术产业是以电子和信息类产业为龙头的产业，产品的科技含量会越来越高。所以，我们要充分利用高新技术改造与提升传统产业，这是走向现代化强国的一条道路。

第四，高新技术与传统产业融合，扩大了科研人员队伍。传统产业发展主要充分利用了我国拥有大量廉价劳动力的优势，采用比较落后的生产方式，生产技术落后，集约化程度不高，工作人员整体素质不高，其中科技人员占的比例也很小。而高新技术产业与传统产业不同，不仅需要大量资金投入，还要将科研成果转化为生产力，才能促进发展。所以，传统产业要转型升级，技术创新是关键，而人才是关键中的关键。我认为，在高新技术与传统产业融合的过程中，科技人员占工作人员的比例会越来越大，这是一种发展趋势。或者说，科技队伍是高新技术与传统产业融合的重要力量。因此，应该采用多种方式引进人才，逐步解决科研人员不足的问题。只有科技人才才能进行技术创新，推动产业融合发展。

3. 高新技术与传统产业融合的对策

在互联网新时代，我国高新技术发展突飞猛进，正在引起社会经济的大变革，也改变了人们的社会生产与生活方式。而传统产业在我国国民经济发展中仍占有举足轻重的地位和作用，还在影响人们生产和生活的方方面面。在这样的情况下，我国传统产业要发展，就必须运用高新技术来提升传统产业的创新能力，才能实现高新技术与传统产业融合发展。我认为，促进高新技术与传统产业融合，措施和对策很多，主要有以下四个方面。

第一，建立大数据产业与传统产业融合模式。我认为，传统产业与大数据产业融合，实际上就是要形成一种新的产业生态模式。我国大数据产业目前的发展，应该说增速很快，但体量不够。而已经发展得比较成熟的传统产业在经济中占据过大比重，增速比较有限。在这种情况下，传统经济怎样向数字经济转型并焕发活力，就成为一个需要探讨的问题。因此，我们应该认识到，让传统产业和大数据产业融合发展，形成产业生态，是解决这个问题的关键。因为大数据与互联网是产业间进行深入融合的技术基础；金融、物流、交易、通信等生产性服务业，是传统产业进行产业融合的方向。融合主要有以下三个层面。一是企业层面：要把大量异质性企业链接在一起，形成一个价值循环体系。二是行业层面：要把不同的行业，尤其是把第三产业与第一产业、第二产业融合在一起，形成产业融合机制。三是社会协同层面：要让不同"经济主体"跨越地域、时间、行业的限制形成一个社会协同平台。由此看来，以互联网与大数据等技术为基础的产业融合是产业未来的发展方向。随着互联网的发展、数据经济时代的到来，各个行业都在寻找数字化转型的路径，以适应时代的发展潮流，这也为大数据产业与传统产业融合创造了巨大的空间。所以，我们可以这样说，大数据作为一项新技术与一个新兴的产业，正在以它强大的力量影响着每个人的生活与社会经济的发展，成为激发社会活力与推动经济创新的动力。

第二，探索技术创新与传统产业融合方式。我认为，传统产业并不一定就是夕阳产业，事实上，我们从产业演进与技术变迁的角度分析，只有夕阳的技术，而没有夕阳的产业。因此，我们应该注重探索技术创新与传统产业融合方式。例如，通过技术创新将各产业中的相关要素进行互补匹配，从而形成一种独特的持续竞争力。又如，通过支持企业加快技术改造和设备更新，将固定资产加速折旧，将相关优惠政策扩大至全部制造业领域，推动我国制造业企业缩短设备更新周期，加快淘汰老旧落后设备的进程。由此看来，高新技术作为我国重点发展的产业，它的生存与发展既离不开政府科技政策的扶持和引导，也需要企业自身在公平的市场竞争环境中增强核心竞争力。从目前我国对高新企业的扶持政策来看，还要借鉴一些发达国家的经验，在税收政策方面给予企业更多的优惠。这有利于加快相关自主创新成果产业化，激发企业创新活力，建立多方风险共担与利益共享的机制体制。同时，还要加大吸引外资的力度，对于外资企业可以实行增值税与所得税的税收优惠政策，通过大量吸引外资来拉动我国制造业的发展。

第三，构建技术产业与传统产业战略合作联盟。我认为，要加快技术创新，使传统产业向高新技术产业转变，以高新技术改造提升传统产业，就需要构建技术产业与传统产业战略合作联盟。因为产业技术创新战略联盟是新时期合作创新的一种新形式。美国、日本、欧洲等发达国家和地区都注重构建产业技术联盟，在目标设定、运作模式、治理机制、组织协调、项目管理、资金筹措及权责分配等方面积累了许多经验，这些是我们应该借鉴的。同时，应该加强产学研合作，以企业、大学、科研机构的发展需求和各方共同利益为基础，以提升产业技术创新能力为目标，形成技术创新合作组织，构建有中国特色的产业技术创新战略联盟。

第四，培养技术人才与提高传统产业竞争力。传统产业发展的瓶颈是缺乏技术创新，而高新技术的核心是技术创新。我认为，培养掌握高新技术的专业人才是提升高新技术企业竞争力的根本措施。高新技术企业的核心竞争力在于人才，要大力培育我国高新技术产业人才队伍。只有这样，才能占领科学技术的制高点，获得人才优势，提高传统产业的竞争力。

二、区域合作与跨界产业融合

互联网时代的区域合作与跨界产业融合是一个新的问题。我国政府已经制定"互联网＋"行动计划，推动移动互联网、云计算、大数据、物联网等与现代制造业结合，促进电子商务、工业互联网和互联网金融健康发展。在这种情况下，互联网时代区域合作与跨界产业融合将成为一个新的亮点。我们通过互联网和物联网技术，可以把相关的各个部分与各个产业全部有机地联系起来，将不同产业高度融合并重组产业生态。这个新型的产业生态，对我国经济发展将会起到极其重要的作用。

1. 区域合作与产业跨界融合的必要性

伴随着我国互联网技术的发展，"互联网＋"不仅改变了传统行业，也改变着信息产业本身，"互联网＋"催生了经济新业态。区域合作与产业跨界融合不能陷入误区，"互联网＋"重要的是"＋"。而基于区域合作与跨界产业融合的"互联网＋"对资源、资金、人才进行整合，使我们找到了区域合作与产业跨界融合的路径。

第一，从区域合作与产业跨界融合思维来看。我认为，区域合作与产业跨界融合的"互联网＋"不是要颠覆，而是要用互联网思维分析跨界和融合现象，思考互联网时代区域合作与产业跨界融合的问题。在创新驱动或者信息化驱动下，区域合作与产业跨界融合一直在行进过程中，互联网启动了区域合作与跨界产业融合的进程，而互联网思维要求既要对区域合作与产业跨界融合及产业链进行审视，也要求应用互联网技术推动区域合作与产业跨界融合。所以，互联网思维代表着主观能动性，反映了区域合作与跨界产业融合的规律性。

第二，从区域合作与跨界产业融合的互动来看。我认为，互联网时代的区域合作与跨界产业融合是以一种良性的方式进行着的，即通过创造全新的"互联网模式"，使高新技术向传统产业渗透，最终引起生产力变革。在这个渗透过程中，原有的商业规则被基于互联网的全新规则代替。正是这样，移动互联网既给传统产业带来了更多的融合发展机会，也推动着产品模式向服务模式的转变。

第三，从把握区域合作与产业跨界融合发展趋势来看。我认为，当前，发展移动互联网是时代趋势，未来，发展物联网是产业趋势，这是势不可挡的。尤其是随着互联网时代的到来，第四次科技革命带来的世界产业格局的剧烈变化将会席卷全球。在这样一个科技革命背景下，我们要跟上时代发展的步伐，掌握区域合作与跨界产业融合发展的趋势。例如，我国的互联网巨头们，已经开始一系列应对该趋势的并购。又如，互联网金融迎来春天，智能硬件成为创富新动力，吃喝玩乐都在拥抱互联网。由此看来，移动互联网大潮以前所未有之势席卷传统行业，行业的横向整合与纵向重塑正在进行。所以，我们应当掌握好当下移动互联网的产业格局与变化趋势，把握好发展的机遇期。

2. 区域合作与产业跨界融合的方法

在互联网时代，区域合作与跨界融合将成为新常态，而分享、互动、流动、认知将成为区域合作与跨界融合的主题。可以从以下四个方面来看。一是从分享的经济与技术来看，阿里巴巴是全球最大零售商，却没有自己的库存；爱彼迎是全球最大酒店连锁企业，却不拥有自己的房地产；优步改变了交通服务生态，却不拥有一辆汽车。二是从产品的互动性来看。现在已经进入屏幕的时代，电视、手机、平板电脑可以随时进行互动。因此，无论做什么样的产品或服务，都需要增加互动性，为产品或服务增值。三是从数据的流动来看，将来无论哪一个行业都与数据有关。不仅要收集数据，更要让数据彼此连接与流动起来。当数据充分连接和流动时，将带来生产、商业及生活的变革。四是从认知来看。把智慧赋予事物，将分享、互动与产品进行整合，可以加速进入人工智能社会阶段。因此，寻找区域合作与产业跨界融合的方法很重要。

第一，从整合信息技术资源方面来看。我认为，在互联网新时代，当"互联网＋"成为一种常态之后，区域合作与产业跨界融合会出现许多新情况和新问题。因此，要善于整合资源。我在研究中发现德国制造业以及美国制造业有一个共同点，就是善于整合技术。传统行业的信息以前是单向流动的，而现在信息交互的效率不断提高，既改善了产品品质，也提升了企业的服务能力与水平。全球制造业发展到现在，已经有了相当高的水平，但只有使用"互联网＋"技术才能降低成本。互联网正在改变商业社会，这是整合信息技术资源的成果，也是区域合作与产业跨界融合的路径之一。

第二，从融合变革需自我颠覆方面来看。随着"互联网＋"时代的发展，区域合作与产业跨界融合会更加深入，行业分野正变得越来越模糊。因此，在"互联网＋"时代，变革、颠覆、革命就成为时代的主旋律。"互联网＋"时代到来之后，社会也将发生多层次变化。具体表现为：一是社会形态与管理模式的变化；二是经济模式与生活方式的变化；三是信息体系与文化的改变。在这种社会历史背景下，融合首先就要自我颠覆，通过自身的改变来变革社会和企业。特别是企业需要不断创新与不断进行自我颠覆，以防止被不断变化的时代颠覆。与此同时，企业需要不断认识新技术与投资开发新技术，要了解新技术如何影响自身，要提高对业务的洞察力，要投资新的商业模式。只有这样，区域合作与产业跨界融合才能成功。

第三，从顺应企业生命周期方面来看。"互联网＋"时代的变革是大势所趋，因此必须抓住这个机遇，才能促进区域合作与产业跨界融合。但是，从企业生命周期的角度来说，企业与人一样都有自身的寿命。当下，大数据正成为企业持续发展的重要推动因素，企业正在面对一个全新的时代。在这种情况下，企业如何在互联网时代生存发展，就成为一个极其重要的问题。我们应该认识到，机会越来越多，但活得越来越不容易；创业成功可能是意外，但不成功会成为常态。所以，区域合作与产业跨界融合要充分利用互联网这个巨大平台。在创业和创新中，要维持低成本、低风险，就要借助大数据、区块链技术等从平台上获得更多资源，并通过各种创新方式，以高速、有效、便捷的方式不断充实自己，改变企业自身。只有这样，才能顺应企业生命周期进行创新，保持企业的可持续发展。

3. 区域合作与产业跨界融合的前景

随着云计算、大数据、移动网络以及智能终端的发展，互联网与更多行业的区域合作和跨界融合前景广阔。特别是在我国大力推动创新的情况下，"互联网＋"的技术模式将助推产业创新。这不仅会带动产业转型升级，也将催生未来我国经济发展新的增长点。

第一，从区域合作与产业跨界融合能产生新的产业形态来看。我认为，随着"互联网＋"潮流的发展，消费互联网向产业互联网逐渐过渡。在这种情况下，区域合作与跨界产业融合，将改变未来产业发展方向和格局。当前世界各国都在加紧布局，争抢新一轮产业革命发展先机。比如说，美国提出发展先进制造业，德国倡导"工业4.0"，我国也在加速推进工业化与信息化融合。这些现象说明，互联网有利于降低成本，并向越来越多传统产业渗透，催生出一系列新的产业形态。所以，我们可以说，在互联网新时代，区域合作与产业跨界融合正在催生新的产业形态。

第二，从区域合作与产业跨界融合正在向更深方向发展来看。当前，互联网企业不断介入传统产业，而传统产业则纷纷拥抱互联网企业。在这种情况下，行业边界日益模糊，区域合作与产业跨界融合正在深度推进。比如，"互联网＋"已经影响了电子商务、互联网金融、在线旅游、在线影视、在线房产等行业。由此看来，区域合作与产业跨界融合在深度上已经有了一定积累。

第三，从区域合作与产业跨界融合能更好地迎合市场来看。从传统产业发展来看，融合是为了更好地迎合市场，实现新经济形势下从传统产业到新型产业的转型。而对于互联网企业来说，其本质是将互联网的创新成果深度融合于经济社会各领域之中。从这个意义上来说，只有深化区域合作与产业跨界融合，才能充分利用互联网这个工具，不断创新思维，使之在经济转型进程中发挥更大的作用。

第四，从区域合作与产业跨界融合推动技术创新和产业变革来看。当前全球软件与信息服务产业正在被层出不穷的新技术和新模式推动变革。在这种情况下，区域合作与产业跨界融合，将会有力地推动技术创新与产业变革。特别是大数据、云计算、物联网、移动互联网、电子商务和新一代信息技术的崛起，将不断地为区域合作、产业融合、跨界整合等创新模式，积极推动产业链重构与实现智能提升。

三、数字经济与文旅产业融合

互联网时代，数字经济与文旅产业融合是一个重要的问题。特别是在文旅产业中，数字技术的应用与发展将成为文旅产业发展的一股强劲动力。比如说，在新冠肺炎疫情期间，我国有关部门提出进一步推动数字文旅产业发展的政策，从财政、税收、金融等方面给予帮扶，努力降低疫情影响，增强数字文旅企业的发展信心和后劲。因此，在今后的一个时期，要积极推动文化旅游与数字经济深度融合，促进文旅产业数字化、网络化、智能化发展，不断融入数字经济发展大格局。我认为，应该从国家发展战略层面上研究当下数字经济与文旅产业融合发展问题。只有这样，才能更加深刻地认识数字经济与文旅产业融合发展的深远意义。

1. 数字经济与文旅产业融合的背景

随着大数据、人工智能、5G 等现代信息技术的发展，数字化已经成为我国经济高质量发展过程中的一个关键问题。我们知道，数字技术不仅给各个产业带来广泛而深远的影响，而且也加快了各个不同产业之间的融合。可以预见，随着产业数字化转型与公共服务和政策体系的完善，文旅产业与数字经济将在更广、更深、更高层次上实现深度融合，促进我国文旅产业发展模式的变革与新业态的发展。2018 年，我国文化和旅游部正式挂牌，要借助数字化技术，推动文化和旅游的深度融合，用文化提升旅游的品质内涵，以旅游扩大文化的传播和消费，运用数字经济推动文旅产业转型升级。

第一，从数字经济与文旅产业融合是时代的需要来看。我认为，在数字化经济时代，充分利用数字技术开发文旅产品，一定要结合我国国情。据有关文物普查资料显示，我国拥有76.7万处不可移动文物，1.08亿件（套）国有可移动文物，以及众多的民间文物收藏品。它们不仅构成了中华民族深厚的文化底蕴，也承载着中华民族独特的文化基因，是独具特色的文化旅游资源。与此同时，我国的博物馆大约有5000家，而博物馆已成为当下主要的旅游目的地之一。因此，"以文促旅、以旅彰文"已成共识。特别是在信息技术革命的推动下，物联网、云计算、大数据、移动互联、人工智能等新技术不断涌现，赋予了文物新的生命，为文旅融合提供了新动能，催生了新模式和新业态。

第二，从数字经济与文旅产业融合是发展文旅产业的要求来看。我认为，在数字技术快速发展的情况下，我们仅仅靠挖掘老祖宗留下的文化资源是不够的，还要运用互联网技术对文化和旅游业施加影响。尤其是数字图书馆和博物馆的发展，不仅逐步向市场推出新的文创产品，还把大量的文化资源通过互联网进行传播，实现了"文化遗产要保护好，也要活起来"的目标。还利用数字经济与数字技术开发了各种文化和旅游产品，以满足各个层次游客的需求。所以，随着数字经济与文旅产业的深度融合，文旅业态将会获得更多的延伸和升级，文博行业不断开放，文物资源数字化将吸引更多社会资源介入文旅产业，推动我国文旅产业健康和高质量的发展。

第三，从数字经济与文旅产业融合是经济增长的任务之一来看。我认为，积极推动数字经济与文旅产业融合，才能使文旅产业走出发展困境。2020年，我国遇到史无前例的新冠肺炎疫情的影响，各个行业都遭受严重损失，尤其是旅游产业。因此，进入"后疫情时代"之后，我国有关部门更加积极地推出进一步发展数字文旅产业的规划。线上博物馆、虚拟景区、在线旅游等采用虚拟现实与增强现实技术，开辟了新颖的游览与体验消费模式。我相信，随着文旅行业的有序复苏，运用数字文旅产业平衡旅游业供需矛盾、加快旅游业转型升级会成为一种必然。在这种情况下，数字文旅产业更要准确把握机遇，提升发展新兴产业的能力，引领传统产业转型升级，在供给侧与需求侧以及行业管理方面进行全面变革，成为经济新的发展引擎。

2. 互联网时代文化旅游业发展的特点

随着数字经济与文旅产业的发展，文旅产业作为国民经济支柱产业的作用越来越突出。因此，深入研究我国数字经济与文旅产业融合的特点，就显得特别必要。数字经济与文旅产业融合主要有以下三个特点。

第一，从数字智能化与文旅服务大众化的融合来看。数字智能化与文旅服务大众化的融合，是互联网时代文化旅游业发展的一个显著特点。我认为，要构建旅游服务系统，通过门户网站、APP、公众号、小程序，实现文博单位与游客的远程连接。或者说，实现手握一部移动终端，可以满足预约参观、游线推荐、智慧导览、体验分享、文创购买等多种需求。

第二，从数字互动化与旅游参观方式多样化的融合来看。我认为，通过虚拟现实、增强现实、人机交互等技术的综合并用，就可以实现前沿数字科技与古老文物有机的结合。例如，数字化让莫高窟"永生"，目前已有30个经典洞窟亮相互联网，并且可用互动式的参观方式体验，这激发了游客热情，提升了旅游质量。由此看来，将数字互动化与旅游参观方式多样化进行融合，是互联网时代文化旅游业发展的一个新特征。

第三，从数字经济网络化与文旅产品多样化的融合来看。我认为，目前我国各个地方的文旅主管部门可以与文博单位、科研机构、互联网企业等进行深度合作，利用互联网技术开发各种各样的文化旅游产品，以满足文化和旅游市场的多样化需求，延伸旅游空间，扩大品牌效应和影响，积极推动"后疫情时代"经济的复苏和快速发展。由此看来，数字经济网络化与文旅产品多样化的融合，也体现了互联网时代文化旅游业发展的特色。

3. 数字经济与文旅产业融合的模式

随着我国数字经济发展，数字产业化正在加速推进。我认为，在数字经济的背景下，我国文旅产业的发展模式正在重构文旅产业链，数字化将为文化旅游产业注入发展新动能，文旅产业将以高品质的服务为人民群众提供更美好的生活。我认为，数字经济与文旅产业融合，将会出现以下三种主要模式。

第一，数字经济与文旅产业的跨界融合模式。我认为，互联网时代数字经济与文旅产业的跨界融合，可以由互联网行业、旅游行业、文物行业、媒体行业、文创行业等多领域、多行业共同构建合作模式。可以推动跨界多元合作，孵化一批新产业、新业态；培育多元化、全域化、全链条的文旅融合发展业态，形成上下结合、纵横联动、多方参与的文化旅游新格局。特别是在"后疫情时代"，数字经济与文旅产业跨界融合模式将会起到主导产业发展的作用。因为随着数字经济的发展，数字技术与文旅产业相互向对方渗透，会形成新的文旅一体化发展模式。数字经济与文旅融合的过程，既可以从数字经济产业向文旅产业渗透，也可以由文旅产业向数字经济产业渗透。这两种融合模式都有广阔的发展空间。

第二，数字经济与传统旅游产业的跨界融合模式。我认为，互联网时代数字经济与传统旅游产业融合，主要是加快资源整合，催生新业态、新模式，共同推动文旅产业的转型升级、提质增效和高质量发展，并以资源要素整合与产品服务创新为着力点，推动文旅工作各领域、多方位、全链条的深度融合，最后形成符合当地实际、形式多样、各具特色的文旅产业融合模式。

第三，数字经济与乡村旅游产业的跨界融合模式。我认为，数字化是乡村经济发展的方向，而乡村旅游产业是数字经济与乡村产业融合的重要抓手。随着我国文旅产业的升级，数字经济与乡村旅游产业的融合模式正在形成和发展。因此，我们要开启城乡经济融合新局面，催生新兴的乡村产业形态，就必须抓好乡村旅游。目前乡村旅游业发展势头很好，各种形式的农家乐和民宿形成一条龙服务，为乡村经济发展增强了信心和活力。但是，许多古村落中的文化遗迹并没有发挥积极的作用。在这种情况下，就应该弥补乡村数字经济产业发展的技术短板，使数字经济与乡村经济产生积极的融合作用。我们可以大胆创新思路和做法。比如说，创新基于乡村生态的"数字内容＋传播"模式，以数字内容作为传播媒介，拓宽乡村经济增长渠道；创新基于乡村文化的"数字创意＋产品"模式，以数字创意激活文化元素，丰富乡村文化产品供给；创新基于乡村资源的"数字平台＋文旅"模式，以数字平台驱动业态创新，开拓乡村线上文旅产业；创新基于乡村主体的"数字工具＋创客"模式，以数字工具拓宽创新思路，激发创客群体在乡村经济中的活力。

第四章
产业融合与未来社区新模式

CHANYE RONGHE
YU WEILAI SHEQU
XIN MOSHI

产业融合与未来社区发展关系密切，其原因在于产业融合在很多方面体现了未来社区的模式。自第二次世界大战之后，西方发达国家已经陆续进入服务型社会，服务业占据了经济的较大比重。尤其是从 20 世纪 70 年代以来，以信息技术为代表的高新技术迅猛发展，加速了商品和生产要素在全球范围内的流动。这就带来了生产方式与管理模式的融合创新，使原来以物质资本为主导的生产方式，让位于以人力资本和知识资本主导的生产方式。这就进一步深化了全球经济一体化的进程，而且使服务业逐步成为世界经济增长的重要推动力。从目前的情况来看，新增就业机会大多数来自服务业，在发达国家，从事服务业的人数已占总就业人数的近七成，这也是产业融合带来的一个大变化。我国自改革开放之后，服务业也得到快速发展，其产值已经占到国内生产总值的三分之一以上，但服务业的发展水平还是较为落后。因此，我认为，我国以信息技术作为主导因素激活的产业融合，将首先发轫于服务业，围绕服务业而展开，也将带来一轮新型的产业革命。所以，我们要加强对服务业产业融合的研究，帮助我国企业抓住服务业产业融合的机会，使未来社区融入服务业以及整个产业体系，促进未来社区新模式的建立和发展。

我国产业融合的深化，将给各个领域和区域的经济社会发展带来深刻影响。在这种情况下，产业融合对城市经济发展与未来社区新模式的建立，也将产生很大的影响。我认为，产业融合与未来社区的建设和管理是一个全新的课题。未来社区中将会出现邻里场景、教育场景、健康场景、创业场景、建筑场景、交通场景、低碳场景、服务场景、治理场景等，这些场景为未来社区的管理与服务带来各种融合社会元素的可能性。由此看来，积极探索产业融合与未来社区新模式的关系，有着重要的理论意义和现实意义。

一、产业融合促进社区发展

我们正在走进社区发展的新时代。在城镇化与工业化的推进下，我国各地纷纷兴起经济开发区、高新技术园区、高端商务区等的建设。而产业园区作为我国区域经济发展的龙头，是推动产业集聚的重要平台，也提升了我国的区域经济发展水平。与此同时，产业融合也促进了社区的发展。

目前各地的开发区、工业园区、高新区等都是以工业和高科技产业为主的产业集聚地。我国有的开发区运行十年或十几年以来，工业及高科技企业的发展总体是较好的，但是，这些开发区不具有推动城镇化的功能，也只有很少部分开发区融入住宅与学校等公共设施，这是一个现实的状况。当务之急是要进行资源整合，清理"僵尸"企业与破产企业，充分利用这些空间资源，实现产城融合，建设产业融合的示范区，特别是要引进高科技产业，使其为各开发区城镇化率的提高发挥更大的作用。

1. 从园区到社区，构建产城融合生态圈

随着城市转型与产业升级，园区承载的功能日益多元化，集聚了产业、资源、生活服务等各类要素，园区经济与城市经济逐渐走向融合。在这样的情况下，产业融合就产生了，社区也因之而发展。从这里，我们看到了产业融合与社区发展的内在联系和必然性。

第一，从产业园区演变的过程来看。我认为，从产业园区向产业社区的演化，大致会经历以下四个发展阶段：从生产型园区到效率型园区，到创新

型园区，再到产业社区。随着我国产业转型持续深化，人们在重新审视传统产业园区的发展模式之后，就确定了以建设产业与城市融合的新城为目标，以区域集中、产业集群、开发集约为方向，引导不同区域形成专业化产业集群，以促进科技研发与服务体系建立和完善，推动产业链上下游的融合发展，并且集成产业生态群。我认为，我们应该认识到推动产业园区从单一的生产型园区向涵盖生产、工作、休闲、娱乐为一体的多元化载体发展，实现城市综合体经济转型，是产业园区与社区服务发展的一种历史必然。

第二，从产业社区的功能和作用来看。我们知道，产业社区具有"产业"和"社区"的双重属性，以产业为基础，融入城市生活等功能，是促进产业要素集聚与城市协同发展的新型产业集聚区。因此，产业社区与传统产业园区有许多方面的不同。在这种情况下，建设产业社区要以人为本，积极通过搭建产业主体与社区融合的社群平台，打造空间更开放、企业生态更多元、社群交流更活跃的工作和生活环境。但是，我认为，认识产业社区，最重要的还是观念更新和思维变革，要改变那种把传统产业园区作为生产功能区域的认知。还有，由于每个城市的定位不同，"产业"与"社区"的融合方式应该有些不同。只有这样，才能促进产业功能与生活功能融合发展，使产业社区尽快融入城市的多元化发展，拓展我国产城布局的新模式。

第三，从产业社区发展是构建产城融合生态圈的路径来看。目前国内外许多城市纷纷开展由产业园区向产业社区转型的建设，在产业社区的打造方面已经积累许多经验，也有许多成功的典型案例。例如，萧山信息港小镇占地面积 3.04 平方千米，2015 年在原来开发区基础上，从一片荒芜之地拔地而起，目前已经建设成浙江特色小镇，成为杭州湾信息港、萧山创新经济的"代言人"。杭州湾信息港从产业社区路径来构建产城融合生态圈，主要是通过利用原有土地资源、基础设施、技术智慧、人才优势，采取政府主导、专业运营，打造"1＋X"产业聚群，来营造"1＋X"孵化生态圈。杭州湾信息港已经形成一批以数字经济、人工智能、数字健康等为主营业务的龙头企业，并通过产业融合与产业升级，淘汰产能落后企业，集聚新产业，创造了产业社区发展与产城融合的新榜样。它从原来的开发区转变成为产业社区，从城镇化走向产城融合的未来社区。但是，值得关注的是，目前杭州湾信息港只是将近600亩土地用作产业开发，其余土地作为住宅与公建配套和原产业用地储备，还没有动用，利用原来的产业用地与淘汰企业腾出的空间资源就创造了奇迹般的效益，在2020年创造了20多亿元的税收，税收年均增长249%。而浙江英冠集团控股公司是最早一批入驻信息港小镇的重点企业，并投资和建设了"乐创城"。"乐创城"贯彻社区产业融合理念，以实体经济为基础，融合各种服务手段，目前已经产生了较好的社会和经济效益。"乐创城"也成为杭州湾信息港各种产业融合和孵化的基础和"黏合剂"，充分发挥了在商业、住宅、酒店、物业等方面的作用。又如，以上海漕河泾产业社区为例，它在开发运营模式方面注重管理服务模式创新，注重"产城融合"发展，注重创新型产业生态体系打造，这样就形成了产、住、商全方位一体化的城市社区生态圈，以实现园区形态向功能多样的产业社区转变的新格局，并形成产城良性互动的新局面。因此，我认为，从产业融合促进社区发展的角度来看，对城市的发展空间应该以优化与重构新型产业社区为重点，并结合城市功能推进工业园区整体转型，打造覆盖养老、幼托、休闲、娱乐、健身、交往等的全链条生活配套空间，才能真正实现产业社区模式。

2. 从特色小镇到社区，构筑产城融合发展平台

特色小镇作为产城融合发展平台，对产业社区发展将会起到积极的促进作用。因此，深入研究和探索特色小镇，构筑产城融合发展平台，有着极其

重要的现实作用。

第一，从特色小镇是实现产城融合的平台来看。当下我国许多地方都在研究和探索特色小镇与产城融合的问题。比如说，有的地方提出，要走"产业＋文化＋旅游＋社区"的发展道路，以发展特色产业为核心，兼顾特色文化、特色社区的打造，延长产业链，融合第一二三产业发展。可见，把特色产业作为载体，并通过特色小镇发展特色产业是未来的一个大方向。或者说，要充分利用特色产业、特色文化、美丽环境发展旅游业与其他相关产业，构建自己的特色产业体系。这样就可以以特色小镇为平台发展宜居生态。特色小镇美丽的生态环境对开展绿色农业也有帮助作用，有利于实现产业生态化。与此同时，又避开了把特色小镇建设成产业园区的误区，而把小镇规划成居住发展区，使乡村更宜居。我认为，在这种情况下，特色小镇应该注重彰显文化内涵与魅力，发展文化经济。但是，特色小镇建设与传统镇的发展模式应区别开来。不同地区的特色小镇的建设过程中，要探索当地深厚的文化底蕴，融入传统文化元素，避免特色小镇同质化，形成自身独特的文化标签。这就会大大促进城乡文化与经济的融合发展。

第二，从特色小镇是产业社区功能的深化来看。我认为，要建设特色小镇，就要深化产业社区的功能。首先要按照"市场主导、政府引导、企业主体、市场化运作"的要求，通过搭建平台来实现运作方式。还要立足特色小镇集产业、研发、文化、旅游和社区功能于一体的资源优势，搭建城乡要素流动与集聚的平台，将乡村与城市的优势资源和高端要素加以重构，形成集聚创新人才高地与高新产业高地，在创新、集约、高效的基础上构建新型社区。我认为，这就是特色小镇与产业社区的建设目标。以企业为主导是未来特色小镇运营的主要模式，政府要充分发挥"有形的手"的调控作用，加强对特色小镇运营企业的市场监管和社会管理。

第三，从特色小镇是推动产业融合的方式来看。我们知道，打造独特的产业生态、推动产业融合发展，也是特色小镇与产业社区建设的方向。因此，特色小镇一定要有特色产业支撑，并与旅游业、文创业、休闲娱乐产业相融合，形成高效的产业集群。要注重优化产业政策，构建区域产业体系，并通过优惠的税收政策，加强对特色产业的扶持和引导，打通产业链上下游及产业间的壁垒，提升产业链和价值链，增强产业活力，实现产业集群式发展，从而打造出独特的产业生态。要注重构建开放的创新生态系统，加强特色小镇与高校、科研机构、企事业单位的合作，尽快实现科研成果的转化。还要注重利用"互联网＋"技术，打造信息服务平台，实现与外部资源信息的无缝对接。我认为，只有这样才能推进生产、生活、生态的融合发展，提升社区智慧水平，实现人文与自然生态的和谐发展。

3. 从社区服务到社会治理，建设新型城市功能单元

在新的社会历史背景下，城乡社区作为基层治理的基本单元以及居民生活的空间，是构建全民共建共享社会治理新格局的重要载体。因此，社区的治理能力与治理水平以及服务态度，直接影响到基层社会的稳定和发展。所以，建立健全社区服务与社会治理体系，也是建设新型城市功能单元的一个新挑战。

第一，从社区服务与社会治理融合发展来看。我认为，社区是居民日常生活的基本单元与进行社会治理的重要平台，而街道与社区级公共服务设施是城市基本公共服务的重要载体。因此，从社区服务与社会治理融合来看，要注重"服务补缺"与"治理协同"的问题，研究当下基层公共服务设施规划、建设、管理中的短板，探索基层社会治理单元与基层公共服务单元的融合路径，构建社区公共服务圈与社区生活服务圈，进一步优化城市基层空间组织结构，

促进城市规划与社会治理的融合。

第二，从社区基本单位与城市治理基础单元结合来看。社区是社会的基本单位，是城市社会治理的基础单元。因此，社区社会组织是社区委员会的重要补充力量。从我国的现状来看，需要社区社会组织来有效填补政府与市场功能的短板，完善居民自治，满足居民生产生活需求。要做到这些，就要创新社会治理方式。比如说，要确定政府在社区治理中的主导地位与确立社区社会组织的自主性。只有这样，才能理顺政府与社区社会组织的关系，加强各类社会组织的自身建设，促使社区居民自觉参与社区的各项活动。

第三，从互联网与社区的连接来看。我认为，随着"互联网＋"的发展，社区的力量正在变得越来越强大。在这种情况下，社区既是连接互联网与经济的平台，又是个人学习与展示的平台。例如，浙江省于2019年提出，社区是现代城市社会治理的基本功能单元，更是提升市域社会治理现代化水平、满足人们日益增长的美好生活需要的重要载体。因此，浙江省首次把未来社区建设纳入省级战略，以满足人民美好生活向往为根本目的，以人本化、生态化、数字化为价值导向，以未来邻里、教育、健康、创业、建筑、交通、能源、物业和治理等九大场景创新为引领，打造有归属感、舒适感和未来感的新型城市功能单元。浙江省这些战略思想，对于我们思考从社区服务到社会治理，建设新型城市功能单元有着指导的作用。

二、社区发展推动产业融合

随着我国经济和社会的发展与转型，城乡社会的重构已经引起各有关方面的重视和关注。在这种情况下，深入研究和探索社区发展规律，推动产业融合，也成为研究社区规则与城乡规则时面临的重要问题。我认为，我国正处在工业化与城镇化快速推进的阶段，新兴产业的不断引入和发展，将带来城镇空间的持续拓展与人口规模的不断增长，基于产业经济发展的新型产业社区就应运而生。在这个特定的社会背景下，我们有责任和义务研究社区发展面临的新情况、新问题。

1. 社区发展与产业发展的融合

"产城融合"是随着我国改革开放发展的深入而提出来的。当时我国的社会背景是：一方面开启了以工业化为核心的经济发展进程；另一方面又由于工业园区和房地产的过度开发，产生了一些不良后果。在这种情况下，国内许多专家学者就从科学发展的角度，提出以"产城融合"作为新发展导向的建议。这样，城市转型发展就成为一种新趋势。

第一，从社区发展的理念融合来看。我认为，社区发展既要"立足社区抓社区"，又要"跳出社区抓社区"，找准社区发展与社会发展良性互动的契合点，打破社区发展与社会发展之间的阻隔，把社区善治作为社会良性发展的坚实基础，把社会良性发展作为社区善治的环境保障，不断提高社区治理的水平，实现社区发展与社会发展的"双向互赢"。换一句话来说，理念融合是社区发展的前提，这是我们必须遵循的原则。

第二，从社区发展的规则融合来看。我认为，在探索城乡社区融合发展时，要将城乡社区协同作为融合的基础，通过探索突破城乡行政规划限制的社区新形态，形成各有特色但类别分明的社区统筹模式；要坚持"以人为本、多规合一、因地制宜"的原则，强化社区整体设计，科学规划社区空间和公共资源；尤其是在社区总体设计时，要特别注重增强城乡社区发展与整体城市社会发展的关联度。换句话来说，规则融合是社区发展的中心，这是我们必须执行的法则。

第三，从社区发展的空间融合来看。我认为，在强化城市设计规划引领的基础上，应该不断地构筑城乡社区空间新形态。特别要注重城乡和社区的一体化与一盘棋谋划，以生态发展的观念布局社区规划体系，确立社区发展定位。换句话来说，空间融合是社区发展的关键。

2. 社区治理与企业管理的融合

社区一定要坚持传统治理与现代治理的融合。或者说，社区治理既要继承发扬农村社会治理中的有效做法，又要积极创新适应城市社会治理的特色路径；既要注重发挥企业管理的积极作用，又要充分发挥社区治理的推动作用。只有这样，我们才能积极探索、创新并完善城乡社区发展的动力机制。我想，应主要从以下两个方面进行：一是要充分发挥体制优势，通过行政主导推动治理资源向社区嵌入；二是要创新治理方式，调动自治组织、社会组织、企业、群众等社会力量，通过多种途径实现政府、市场、社会多方力量的协同驱动，推动社区治理的可持续发展。

第一，从社区治理与企业管理融合来看。我认为，社区治理应该根据国情和区域特点，分层次管理，特别是要以党建引领社区治理体系。要加强基层党的建设与巩固党的执政基础，建立社区兼职委员制度和区域化党建联席会议制度，充分发挥基层党组织的领导核心作用。只有这样，才能实现社区治理与企业管理的融合，通过发挥社区基层党建的引领作用，加强基层党组织对社区治理的领导作用。

第二，从社区机制与企业经营融合来看。我认为，要健全社区治理机制，还要转变社区服务职能，规范社区党组织与村委会职能，建立行政事务准入机制，并将"互联网＋政务服务"延伸到基层社区，实现社区治理机制与企业经营的融合，并不断创新合作方式。

第三，从社区创新与企业发展融合来看。我认为，要创新社区治理方式，就要大力推进社区法治建设。特别是要推进示范建设，或者说，通过示范建设推动社区创新与企业发展的融合，促进社区产业的健康发展。

3. 社区服务与产业创新的融合

现代城市的社区建设是一个系统工程。因此，产业创新在社区服务中占有重要的地位。为了建设现代文明社区，满足社区居民日益增长的生活需求，不断提高社区居民的生活质量，社区服务向经营型、产业化转变势在必行。因此，在这种情况下，要注重社区服务与产业创新的融合发展，使其可持续发展。

第一，从社区建设推动实现产居融合来看。我认为，坚持民生优先，加大投入，打造生态宜居、服务高效、富民增收、产居融合的新型社区是一个发展方向。因此，我们要在这个大方向指引下，做好以下两个方面的工作：一是要完善服务配套，打造宜居环境；二是要构建社区与企业合作的新模式，推动新时期的产居融合。只有这样，才能实现社区产居融合的最佳效果。

第二，从社区服务推动产业创新来看。我认为，社区服务产业化应该以市场为导向，以满足社区居民的物质生活与精神生活为目的。但是，由于社区服务内容很广，包括家庭服务、家政服务、维修服务、上门服务、接送服务、婴幼儿服务、养老服务、卫生服务、文娱服务、物业管理服务等，在这种情况下，需要注重的是推动产业创新，发展投资少、见效快、就业机会多的服务项目，这也符合深化改革的方向。

第三，从社区党务促进产业发展来看。我认为，社区要在党组织的领导下，积极联合工会、共青团、妇联、公安、市场监管、城管、就业、物业、消防等单位，通过互通情况、交流信息，架起社区党组织和党员之间的桥梁，实现横向联系、纵向管理、多方服务，促进社区服务和产业融合发展。

三、未来社区服务融合新模式

伴随着我国社会经济的发展，将会出现未来社区服务融合新模式。因此，我国许多专家学者正在研究未来社区服务模式，有的地方政府也在积极探索未来社区服务模式。所谓未来社区，就是以满足人民美好生活向往为根本目的的社区。随着城市化和现代化的快速推进，大量人员涌入城市寻求发展机会，城市规模不断扩大。而社区是城市社会的基本单元，是人类生存和发展的基层社会关系共同体。从这个意义上来说，未来社区建设既是一项民生工程，也是一项产业创新工程。我认为，未来社区融合服务是一个系统工程，它将融合邻里场景、教育场景、健康场景、创业场景、建筑场景、交通场景、低碳场景、服务场景、治理场景等生产和生活要素。尤其是随着我国人口老龄化的加剧，各种形式养老院的出现，对相关产品和用品的新需求将不断催生新的业态。在这种情况下，我们分析和研究未来社区服务融合新模式，有着极其重要的现实意义。

1. 未来社区服务融合新模式构建的基础

构建未来社区服务融合新模式，必须依据未来社区的场景进行设计。社区是居民日常生活的平台与载体，随着社会发展与城市化进程的加快而发展。在这种情况下，社区体系可以根据发展需要，既拥有更舒适的居住环境和服务体系，也为政府有关部门的管理提供更好的支撑。因此，未来社区不仅仅是单纯地提供居住的生活环境，更重要的是承载着未来社会整体的发展方向，成为社会经济稳健发展的基础。

第一，从未来社区服务融合的功能模块来看。我认为，未来社区建设与智慧社区建设有些不同，未来社区是一个开放的体系，它提供的不是单一的社区企业服务平台，而是一个向多级管理部门或企业提供信息与服务入口的云端系统，是面向单个居民、企业、政府的超级平台。而智慧社区是一个以社区服务企业为核心的服务性平台。也就是说，未来社区服务的功能模块与智慧社区的功能模块是不同的。因此，未来社区服务融合涉及方方面面的问题，也体现了未来社区与政府和企业的联系。所以，未来社区服务的功能模块建设是一个基础性的工作。

第二，从未来社区服务融合的场景要素来看。未来社区服务融合是一个系统工程。从场景要素来看，有未来邻里场景、未来教育场景、未来健康场景、未来创业场景、未来建筑场景、未来交通场景、未来低碳场景、未来服务场景、未来治理场景等。这些场景是密切联系在一起的，构成一个"小社会"，通过"互联网＋"方式，可以紧密地把这些场景要素融合起来，这就是未来社区服务融合场景要素的体现。

第三，从未来社区服务融合的生态体系来看。我认为，随着科技与经济的发展，未来社区是整个社会商业、经济、教育、医疗、环境等多种生态体系的全融合。我们可以这样说，未来社区的建设将构建全新的服务融合的生态体系，对未来的居民生活有着巨大的影响。同时，与社区生活紧密相关的产品也一定会实现智能化，与生活紧密相关的生活消费也将更便捷。

2. 未来社区服务融合构建的新模式

未来社区服务融合构建的模式多种多样，而且每一种模式都有其优势。我们在这里着重探讨未来社区服务融合的三种主要新模式。

第一，从未来社区"平台＋管家"模式来看。我们知道，社区是现代城市社会治理的基本功能单元。因此，要提升市域社会治理现代化水平，未来社区"平台＋管家"模式需要融合有关服务手段，才能提升社会治理现代化水平与服务水平。例如，2019 年浙江省颁布了《浙江省未来社区建设试点工作方案》，以及《浙江省人民政府办公厅关于高质量加快推进未来社区试点建设工作的意见》，这为我们研究未来社区"平台＋管家"服务融合模式提供了理论和政策依据。一是从"平台＋管家"服务融合模式来看。未来社区"平台＋管家"的价值，应该充分体现为更加舒适便捷的社区生活，精准匹配居民社群需求，推进邻里共治共建管理，以及社区高效运营。或者说，未来社区"平台＋管家"服务融合价值链中的各种要素，要构建以居民为中心、以管家为连接点、以信任为纽带的社区生活服务融合系统，依托未来社区智慧服务平台，借助社区管家，为居民提供各类精准生活服务，最后达到"共治、共享、共生"的社区生活目标。二是从"平台＋管家"服务融合运作来看。未来社区的"平台＋管家"服务融合模式,让社区管家有了自己的"ERP"（软件系统）。这既为管家提供信息化服务的工具，又让居民能够快捷地分享和使用各种信息。与此同时，也通过大数据优化与提升了社区治理的效率和质量，帮助物业服务从传统的以"物"为管理中心向以"人"为服务中心的创新服务转变。社区大数据在"政用、商用、民用"中融合成的新的形态，为政府、企业、居民提供公共服务、社会服务、生活服务等。这些融合发展方式和路径，将成为未来社区服务的亮点。三是从"平台＋管家"服务融合的关键要素来看。未来社区"平台＋管家"服务融合的关键要素是：服务、客户、资源、产品、生态等。在上面这些关键要素中，服务是基础，是连接商业生态的立足之本；客户是"上帝"，只有广泛的客户群才能发展壮大；资源是动力，只有拓展区域内的各种资源才能有发展的后劲；产品是力量，只有开发出各个层次的优质产品才能满足需求；生态是链条，构成融合服务的形态。所以，我们可以这样说，只有基于良好的服务和较大规模的客户群，依托资源，开发出优质的产品，才能形成一条良好的生态链。

第二，从未来社区智慧服务融合模式来看。2019 年 8 月 22 日，未来社区产业联盟在浙江省举行的央企名企"走进四大建设·携手共建未来社区"仪式中正式成立，这标志着我国未来社区智慧服务平台（模式）的建设与正式起步。未来社区数字化平台由城市信息模型平台与社区智慧服务平台融合组成。依托城市信息模型平台，可以实现未来社区规划建设阶段的数字化应用与可视化管控；依托智慧服务平台，可以实现社区运营管理阶段面向居民、物业、政府等不同主体的系统化解决方案。阿里巴巴打造的智慧服务平台，基于全球领先的人工智能物联网、云计算、大数据等技术，全面融合社区场景服务能力，实现人、物、云服务在数字世界的智能融合。智慧服务平台以领先的开放服务平台架构，通过建立业务和技术统一标准，实现数据整合和标准化打通，支持多类应用"插拔式"扩展，支持可持续运营的产业联盟生态与政府数字治理。同时，智慧服务平台提供多种方式，面向产业联盟企业开放软硬件和服务标准化对接，共建未来社区产业生态。智慧服务平台可以帮助社区轻松实现设施设备的数字化管理，帮助社区居民、管理者、应用开发者打造丰富的智能化应用场景，实现全生活链场景的数字化与在线化。这些是未来智慧服务的显著特点。一切为了人民美好生活，这是建设智慧服务平台的目的和意义。比如说，超级 APP"浙里住"、数字管家等小程序已在智慧服务平台上线。社区居民可以通过小程序、H5、智能语音等多种方式，实现一站式的沟通，需求也可以一键下达，随时随地获得生活缴费、物业、政务、社区功能、周边商业商家等九大场景服务。同时，数字管家的社区管理端，实现了物业服务和社区管理数字化，以移动化、便捷化的物业管理、党建、基层治理，有效建立一对一沟通的"暖心大管家"融合模式。

第三，从未来社区服务融合的治理模式来看。以未来社区"3＋X"治理融合模式为例。未来社区"3＋X"治理和服务模式，"3"是指社区党委（党支部）、居委会、业委会，"X"是指物业管理公司和其他各个社团组织。在未来社区的治理中，三大主体发挥主要作用，物业和其他组织参与协作，共同寻求解决问题的办法。这种模式有许多成功的案例。例如，苏州工业园区东沙湖新未来社区深化"3＋X"社区工作模式，搭好多元参与平台，把"网格化"管理落到实处，将以前的被动服务、被动管理转变为主动服务、精细管理，真正使居民办事更加便利，真正做到服务居民零距离。

3. 未来社区服务融合新模式构建思考

我认为，未来社区是以满足人民对美好生活向往为根本目的的人民社区。尤其是随着城市规模不断扩大，基础设施、社会保障、人文理念等也出现了一些新问题。在这种情况下，城市化进程必须把未来社区发展纳入发展战略。在构建未来社区服务融合新模式时，既要因地制宜，发挥现有资源和优势，又要科学合理布局规划，只有这样才能创建出有特色的未来社区。

第一，借助数字经济，开发未来社区服务的智能化新模式。数字经济已成为全球新一轮产业竞争的重点，随着我国一大批知名数字企业的发展，智能化未来社区服务融合已经逐步成为现实。比如说，以物联网、大数据和人工智能等先进技术为依托，可以动态分析社区人口数量、人口分布和结构、居民生活轨迹、消费需求等，精准掌握人们对衣食住行的需求，并以远距离无线电技术为支撑，在社区智能公共设施与智能建筑中嵌入科技引擎，打造绿色、低碳、节能、循环的发展模式。

第二，借助"互联网＋"，让未来社区服务发展出集成化新模式。我认为，以云计算、大数据、人工智能、物联网为代表的新一代信息技术将为未来社区服务融合注入新动力。借助"互联网＋"，未来社区服务将以居民为核心、以服务为重点、以信息化服务平台为载体，整合社区服务资源，动员和凝聚社会力量，营造开放共享的社区环境。或者说，未来社区服务融合将突出智慧技术，将现实社会与虚拟社会融为一体，彰显出集成化空间布局的力量。

第三，借助场景要素，让未来社区服务走向人文化。未来社区的中心是生活在其中的人，而满足人民对美好生活的向往是社区发展的目标。所以，未来社区要以邻里、教育、健康、创业、建筑、交通、低碳、服务和治理等九大场景创新为引领，满足全生活链服务融合的需求。尤其是要针对社区中老年人群体和学生群体，成立"老年活动中心""少儿成长中心"，真正给出"老有所养""少有所教"的人文关怀。

第五章

产业融合的新特点

CHANYE RONGHE
DE
XIN TEDIAN

通过前文对我国产业融合的分析和研究可以发现，我国当前的产业融合发展已经出现了一些新特点。深入观察和分析产业融合发展的新特点，对于掌握产业融合发展方向、认识产业融合发展的规律性，起着积极的作用。下面我从三个层面简要分析产业融合发展产生的新特点。

一、多样性

互联网时代的发展，特别是物联网、工业互联网、工业物联网、产业互联网、工业4.0、"互联网＋"的发展，为各个产业的融合创造了条件，这既给产业融合提供技术保障，也给产业融合打开新的空间。因此，在这样的一个大变革时代，产业融合呈现出多样性的特点。

1. 科技产业融合的多样性

20世纪四五十年代以来，科学技术突飞猛进，新兴技术不断涌现，这标志着人类社会进入了技术革命的新阶段。

第一，从科技产业之间的融合来看。我认为，互联网产业有一个特点，就是边际成本低，规模效应明显。在这种情况下，科技产业之间的融合就成为一种常态。比如说，互联网用户越多，越能分摊新功能的开发成本，导致服务成本降低，进而形成规模效应。互联网行业有一条"梅特卡夫定律"：互联网的价值与网络用户数的平方成正比。因此，存在一个奇点，用户数少于奇点时，互联网是依靠投资来生存的；当用户数超过奇点时，则网络价值提升，用户数会快速增加。所以，互联网是马太效应最明显的行业，由于边际成本低，用户增加可以拉低单用户成本形成成本优势，而较低的价格又能促进用户增加，形成一个正反馈闭环；互联网的价值与用户数平方成正比，用户数增加，用户的价值就会增加，而价值增加又会促进用户数增加，形成第二个正反馈闭环；用户多会促进产品功能完善，而产品功能完善又会吸引更多的用户，形成第三个正反馈闭环。物联网、工业互联网、工业物联网、产业互联网、工业4.0、"互联网＋"就是这样融合发展的。所以，科技产业之间的融合发展，是科学技术作为生产力的突出表现。

第二，从科技产业与传统产业融合来看。我认为，科技产业与传统产业融合的方式是多种多样的。在工业互联网领域，平台只是互联网的一种服务工具。但在科技大变革时期，互联网通过深耕产业，掌握了工业技术和经验，可以对传统产业进行改造和升级。比如自动化行业原来是为工业服务的，随着自动化行业的发展，很多工艺经验固化在自动化工具上，如爱斯本是过程控制软件，但绝大多数化工工艺包都是爱斯本提供的，爱斯本的工艺工具开发能力已经超越了工艺专家。由此看来，传统产业与高新技术产业需要利用各自的优势融合发展，只有以传统产业为基础和平台发展高新技术产业，以高新技术产业为导向发展传统产业，才能实现传统产业与高新技术产业的共同提升和发展。

第三，从科技产业与文化产业融合来看。我认为，文化和文化产业的科技含量与科技进步是紧密联系在一起的。科技进步往往会引发文化体制机制的创新和改革，并且在一定程度上决定着文化和文化产业的国际竞争力。因此，科技发展与科技创新，能够极大地提升文化和文化产业的创新力与影响力，推动文化与科技融合。就科技产业与文化产业融合而言，我们可以从以下两个方面进行分析。一是从科技产业对文化产业的技术支撑来看，科技创新是文化产业发展的原动力。因为科技为文化产业发展提供技术支撑，使得相关生产要素在创新过程中实现优化组合、持续创新。例如，电影电视依赖图像处理技术与光缆、计算机等技术进步来提高视听效果。而数字技术的不断升级又促使文化产业结构向高技术与高集约化演化，不断创造出新增长极。另外，我们还应该看到，科技创新也提高了文化产品的附加值。二是从文化产业对科技创新的内在推动来看。文化产业发展的内在需求张力对科技创新提出了新的要求，从而推动科技在全球的流动速度加快，促使科技成果迅速转化，加速了高科技文化产品的上市。例如，电子和视频等高科技文化产品就是这样发展起来的。由此看来，在我国，科技产业与文化产业融合发展，有着极其广阔的发展空间。

2. 区域化产业融合的多样性

随着全球社会经济的发展，区域化发展已经成为全球化的一种形态。其中，有双边的区域合作方式，也有多边的区域合作方式，这些都呈现出区域化融合的特征。我们从下面三个层面进行分析：一是从国家层面上来看，有东盟贸易区与"一带一路"倡议等融合方式，这体现了以国际合作为基础的区域化融合特点；二是从国内层面上来看，有珠江三角洲与长江三角洲等融合案例，这体现以产业为基础的区域化融合特点；三是从城市区域层面上来看，有以北京为中心的京、津、冀一体化，以武汉和长沙为中心的中部地区一体化等融合方式，这体现以城市为中心的区域化融合特点。可见，随着我国市场化的加快，区域化产业融合将成为我国社会经济发展的一种新常态。

第一，从区域化产业融合的形态来看。我认为，区域化产业融合是一个发展形态，这个形态中又分为许多个不同层次的产业。比如说，从20世纪70年代开始，以微电子、计算机、通信和网络技术为代表的信息技术快速发展，给产业融合带来了非常深刻的影响。在这种背景下，产业融合使得经济全球化趋势得到不断加强，成为推动世界经济发展的重要引擎。因此，世界各国都加强了对区域化产业融合的关注和支持。比如说，我国的军工业是一个特殊的产业，随着军事斗争需要而发展，面临"理技融合、研用结合、军民融合"的问题。发展军民融合产业，既体现区域化产业发展战略的重大转型，也体现了对供给侧结构性改革具体路径的调整和优化。我国发展军民融合产业有诸多优势，既可实现技术的落地，也可启动新的发展引擎，实现弯道超车。由此看来，随着区域化产业融合形态的发展，新的融合方式与融合形态还会出现，并不断丰富区域化产业融合形态的内容。

第二，从区域化产品融合的现象来看。我认为，随着互联网的发展，各种区域化产品也将出现融合现象。比如说，新闻随技术发展而生，也将因技术发展和市场需求而改变。因此，我们可以判断，未来新闻产品将呈多样化趋势：内容趋向深度化、动态化、区域化、定制化；呈现方式既适配多终端，融合多种可视化，又注重沉浸化体验；也将出现趋势预测与场景服务等功能。又如，农业产品区域化融合也是一种趋势。由此看来，随着区域化产品融合发展，产品融合的普遍性和多样性现象也将经常出现。

第三，从区域化产业多边融合状态来看。当前，全球一体化趋势会面临许多挑战，但不会逆转。在这样的社会背景下，我们应该看到区域化产业融合的重要性，积极与有关国家建立区域化产业合作与融合机制，使区域合作协定向更加高级化、大型化、全面化方向发展。只有这样，才能抓住全球化发展方向推进改革，同时也要重视向"双边化"与"多边化"发展，积极参与并争取主导多边服务贸易规则谈判。同时，要重视参加区域和双边服务贸易规则的制订谈判，平衡和维护发展中国家的利益。

3. 产业跨界融合的多样性

产业跨界融合模式，是在经历了技术融合、产品融合、业务融合和市场融合之后，产业之间出现的一种融合现象。随着科技的进步，信息技术迅猛发展，企业兼并浪潮涌现。在这种情况下，就要进一步打破地区和行业界限，提升产业跨界融合的多样性。我认为，产业跨界融合是在产业融合实践的基础上，通过产业间的互动聚合，对原有产业进行转型或升级的一种融合模式。因此，产业跨界融合，既有普遍性，也有多样性，是一个需要深入探索的领域。

第一，从产业横向跨界融合来看。我认为，产业间跨界是科技推动不同产业之间进行融合的现象。它包括传统产业之间的跨界、新兴产业向传统文化产业的跨界，还有以文化科技企业为对象，通过跨空间、跨行业的企业兼并，从而形成大企业和企业集团的过程。产业横向跨界融合，往往都是由科学技术大力推动并促进的。

第二，从产业跨界融合的要素来看。我们知道，要素融合或聚合是指文化与科技、创意、资本、市场、人才、品牌、信息、渠道等产业内部要素集聚的过程。在产业跨界融合中，文化与科技要素并非直接融合，而是要借助产业的跨界来实现融合与聚合。比如说，文化与科技的跨界融合可以整合资源，优势互补，能有效地促进产业要素之间集聚创新，并带动相关产业的升级。由此看来，我们要通过产业跨界来融合要素，就要打破不同产业之间的界线，科学合理地整合和融合各类资源，形成新的产业形态。这样，既融合了要素，也为新的发展奠定基础。

第三，从产业跨界渗透融合来看。我认为，产业跨界渗透融合发展也呈现出多样化的趋势。例如，随着第一二三产业纵向渗透融合，农村三产融合发展模式趋于多样化。第一类是二元产业融合，包括第一二产业的融合，即利用工业工程技术、装备、设施等改造传统农业，采用机械化、自动化、智能化方式发展高效农业；第一三产业融合，是在发展服务业的同时，发展观光农业；第二三产业融合，是通过创意、加工、制作等手段，把农村文化资源转换为各种形式的产品。而第二类是三元产业融合，主要是以第一产业为基础，向第二三产业延伸。比如说，当下的"合作社、公司、农户"的发展模式，就是这样的。这种发展模式走的是生产、加工、经营三位一体的可持续发展道路。由此看来，产业跨界渗透融合，在各个产业、行业、领域是一个普遍现象，并呈现出多样化的发展模式。

二、多层面

全球产业发展呈现的融合化、智能化、低碳化趋势，正在重塑产业结构与产业形态。因此，产业融合的多层面特点，既是大势所趋，也是产业演进的必然。产业融合在结构上已经越来越多地呈现出不同层面。比如说，农业、工业、服务业、信息业、知识业，这些都可以在同一个产业、产业链、产业网中相互渗透与相互融合。所以，产业融合是动态演变的，并在差异化发展中实现多层面融合。在这种情况下，我们选择三个主要产业，分析研究产业融合多层面的特点，这对于认识市场，找准"融点"，进行创新，有着积极的意义。

1. 农业

产业融合是推动农业高质量发展的关键。因此，对生产者来说，产业融合可以解决人多地少致使单纯农业生产效率降低的问题；对消费者来说，产业融合能更好地满足人民日益增长的对美好生活的需要。目前在农业产业融合方面，许多地方在积极探索。比如说，有的地方发展循环种养模式；有的地方通过延长产业链，注重加强农产品深加工与提升农产品附加值；有的地方应用物联网、云计算、大数据等现代信息技术，实现"互联网＋农业"；有的地方积极推动农业与休闲、旅游、文化创意、健康养老等服务性产业融合，培育壮大新产业。这些农业产业融合与创新方式，对农业提质增效与拓宽农民增收渠道起到积极作用。

第一，从农村三产融合的特点来看。推动农村第一二三产业融合发展，是实施乡村振兴战略、加快推进农业农村现代化、促进城乡融合发展的重要举措。首先，"互联网＋农业"通过与加工业联动带动产业链上下游，农业产业发展形成了从农田到餐桌的全产业链模式。其次，随着信息技术的快速发展，信息技术与传统的生产、加工、流通、管理、服务和消费等环节融合，延长了农业产业链，催生了大量新产业和新业态。再次，农村第一二三产业融合发展对于实施乡村振兴战略有着重要的作用。主要表现在以下四个方面：一是通过农村第一二三产业相互融合与渗透，促进产业发展方式转变，从而振兴乡村产业，促进产业兴旺；二是农村第一二三产业融合发展，催生了新业态，开辟农业就业新途径，帮助农村富余劳动力就业，增加农民收入；三是农村第一二三产业融合发展，促进了生产要素在城乡之间流动，将企业的资金、信息、人才、技术和管理等要素与农业资源在农村进行优化整合，降低生产成本，提高劳动生产率；四是发挥农业多重功能、农村多重价值、农民多重身份的优势，充分利用第二三产业优势，促进城乡融合发展，缩小城乡差距。

第二，从乡村特色产业融合特点来看。我认为，发展乡村产业，要把握乡村产业的本质，主要有以下两个方面。一是根据乡村鲜明特点进行融合。乡村拥有独特的自然和文化等资源、特殊产品品质、特定消费市场，因此，要根据产业特色进行融合发展。二是根据农民主体的特点进行融合。乡村特色产业是农民的产业，要为农民创造就业渠道，创造让农民致富的产业。由此看来，乡村特色产业是"接地气"的，因此，融合要反映乡村特色产业的特点，这样才能直接推动乡村的振兴。

第三，从农业产业升级来看。我认为，农业产业化是以"公司＋农户""龙头企业＋合作社＋农户"等方式形成的组织与特定的产业，它们可以与农村所在区域的产业进行融合。这样，小规模的农业产业通过与不同产业的融合，就可以形成较大规模的农业产业。由此看来，随着农业产业化发展，实现农业产业升级是一种必然。

2. 工业

工业化和信息化是人类社会生产力发展的两个重要途径，而新型工业化是指知识经济形态下的工业化。随着新型工业化的发展，其内涵正在发生变化。简要地说，新型工业化的本质势必孕育产业融合的新内涵。或者说，工业化与信息化的互动，不仅是技术层面上的互动或者是更大范围内的经济互动，而且是更具有丰富内涵的综合性互动，这种互动将在产品、业务、产业三个不同层面上促进产业融合发展。为了实现这个更大的产业融合发展，就要深入分析与探索产业融合在工业层面上的相关问题。

第一，从产品融合来看。我认为，新型工业化层面的产品融合是指电子信息技术渗透到工业产品中，可以提升工业产品的智能化水平，推进信息技术与工业技术在重点产品上进行渗透融合，推动产品数字化、智能化、网络化，提高产品信息技术含量和附加值，推动工业向价值链高端移动。

第二，从生产经营业务融合来看。我认为，业务融合是指将信息技术应用到企业研发设计、生产制造、经营管理、市场营销、节能减排等各个环节，推动企业业务创新和管理升级，加强企业业务协同和系统整合。与此同时，要注重建设统一的管理信息平台，实现产品开发、生产制造、经营管理中的信息共享和业务协同，提升整个产业链上下游企业之间的协同能力，建立现代经营管理体制。

第三，从产业技术融合来看。我认为，技术融合是指将工业技术与信息技术进行融合，改进升级原有技术，不断推进技术创新。信息技术渗透性很强，辐射范围很广，可以打破不同工业产业间的技术边界。伴随着信息化时代的来临与技术的革新，产业融合正日益成为产业经济发展中的一个重要现象。它是一种建立在科技发展基础上的新型产业革命，使产业生产效率得到了进一步的提高。在这种情况下，产业技术融合就成为产业融合的一个关键性问题与核心问题。

3. 服务业

进入 20 世纪 90 年代之后，随着政策管制的放松与信息通信领域的发展，服务业与其他产业之间的融合频繁发生。一些制造业企业不只制造实物产品，同时也提供服务，使得原来具有明显产业边界特征的制造业越来越具有服务业特征。这就是说，制造业与服务业之间进行了渗透与融合，这个融合意义重大，影响非常深远。

第一，从继续扩大服务产业的融合规模来看。现在越来越多的制造业企业将相关服务业务外包，外包成为扩大产业融合的渠道。例如，交通运输、信息传输、鉴证咨询等行业的发展都进一步扩大了服务业的规模。与此同时，制造业与服务业的融合，使制造业对服务业尤其是生产性服务业产生倚重和需求，进一步促使服务业产值提高。2014 年，我国有关部门就提出建立各地区、各部门生产性服务业统计调查监测体系，国家统计局则制定了生产服务业的分类范围，具体包括为生产活动提供的研发设计与其他技术服务、货物运输仓储和邮政快递服务、信息服务、金融服务、节能与环保服务、生产性租赁服务、商务服务、人力资源管理与培训服务、批发经纪代理服务、生产性支持服务。这些举措进一步推进了产业融合的进程。

第二，从积极推动服务产业结构升级来看。我认为，实行产业跨界融合，可以有效地促进服务业内部结构的优化和升级。在"中国制造2025"强国战略中，我国已经确定以智能制造为信息化与工业化融合的主攻方向，以此来推动制造业生产方式变革。在这种情况下，未来制造业的发展方向是信息化与工业化融合，从而促进生产方式变革。特别是在人工智能驱动下，制造业的信息化与工业化是把研发、生产、供应、销售、服务等制造全链条串联起来。由此看来，制造业变革是促进现代服务业发展的一种历史必然。

第三，从努力促进服务产业创新来看。我认为，产业跨界融合，将催生许多新兴服务业业态，这既促进了经济发展，又提高了人民的生活水平和生活质量。比如，阿里巴巴、淘宝、京东等都提供物流"一条龙"服务。又如，随着信息产业在医疗领域的应用，既有了家用型血压计及血糖仪、智能手环等设备，又有了全新的信息分析管理系统和移动医疗设备，如临床数据中心和远程诊断系统。再如，信息产业在交通领域已经得到广泛应用，如车联网和新型互联网汽车已经是家喻户晓。还有，信息产业在金融业的应用已经改变了人们的工作方式和生活方式，如互联网金融、互联网保险等。还有，文化创意产业是一种新兴产业，更具有融合性与创新性。

三、多路径

通过上面的分析可以认识到，产业融合发展不仅是多样化和多层面的，也是多路径的。因为产业融合要打通创新与经济增长的传导路径，而创新与产业融合会成为经济增长的一条传导通道。那么，创新能否与产业有效融合，能在多大范围内与程度上实现融合？可见，产业融合需要更多的路径，才能逐步解决当前我国经济可持续发展所面临的基本问题。所以，我认为，我国的产业融合应该是多路径的。在这里我选择主要的路径做一些分析和探索。

1. 产业融合的制造业路径

在工业化初期，制造业通过发展规模经济来满足需求，就可以获得丰厚的利润。但是，在信息化时代，制造业的需求端呈现出分散化与个性化等特点，并冲击着传统制造业的全价值链。在这种情况下，我国的制造业就要进行转型和升级及融合发展，以适应生产方式的变革与供给侧结构性改革。当今世界正在经历一场革命性的变化，信息化浪潮使得各行业数字化、网络化、信息化的程度不断提高，信息逐步取代了其他要素，成为决定制造业附加值的最大要素。所以，当下的"互联网＋"，不仅是平台、工具及手段的变革，也是驱动技术创新的核心动力。

第一，从传统制造业与先进技术融合的必然性来看。我个人认为，随着我国科学技术的发展，先进技术与制造业融合是一种必然的趋势。比如说，"中国制造2025"是我国全面推进制造强国战略的目标任务，工信部还印发了《智能制造发展规划（2016—2020年）》，这为我国"十三五"期间智能制造业的发展明确了方向。"十四五"时期，是我国制造业升级的重要时期，国家还会继续出台相关政策，推进智能制造业的快速发展。由此看来，我国传统制造业与先进技术的融合有着连续性与必然性，而智能制造业的前景会更好。

第二，从传统制造业与先进技术融合的路径来看。我个人认为，我国制造业是一个重要的产业，面临许多发展机遇。但就传统制造业与先进技术融合的路径来说，主要有三个方面。一是将人工智能与制造业融合，可以形成智能制造业。智能制造基于新一代信息技术产生，贯穿设计、生产、管理、服务等制造活动各个环节。因此，智能制造以产品、生产、管理与服务等产品全生命周期的智能化为标志，涉及机器人、物联网、大数据、云计算等新一代信息技术领域。在智能制造系统中，智能工厂依托信息物理系统，能实时获取产品、生产、管理与服务数据，经实时分析和数据归并，形成大数据系统，在进行可视化和交互式处理后，实时向智能工厂反馈产品和工艺优化方案，并为用户提供实时在线监测与控制及优化的智能服务。与传统制造业相比，智能制造的优势是可以缩短产品研制周期、降低运营成本、提高生产效率、改善产品质量并降低资源损耗。二是"互联网＋制造业"，可以融合形成互联网制造业。我们知道，互联网、大数据和人工智能，能够对海量的需求进行精准匹配。"互联网＋制造业"使得制造商与消费者之间能够形成双向的链接与互动，这正是对制造业价值链的重塑与优化。在这种情况下，相关企业将借此获得比单纯的实物制造更大的利润与发展空间。三是现代服务业与制造业融合，可以形成现代服务制造业。先进制造业与生产性服务业的融合，可以加快工业领域的转型与升级，促进制造业的稳定发展。由此看来，只有服务业发展水平的提高，才能为先进制造业创造高质量的发展环境；同时，先进制造业的发展对带动服务业质量及服务效率的提升，也将起着不可替代的作用。

第三，从传统制造业与先进技术融合的意义来看。我认为，在深入推进改革开放的背景下，我国的产业融合发展，不能忽略获取制造业的国际竞争优势。我们应该清醒地看到目前我国的制造业还处于中低端水平。在这种情况下，我国既要引进国外技术，又要提高科研攻关能力，加快技术创新，并加快整体布局，以抢占全球科技创新的制高点，以重大战略性新兴产业突破为目标，进行创新与产业融合发展。目前全球发达国家正在推行各种形态的工业4.0，这给我国制造业既带来挑战，也带来机遇。全球兴起的新一代信息技术和AI技术与制造业深度融合，正在逐步引发产业大变革和经济大破局，并且会形成新的生产方式、产业形态、商业模式和经济增长点。所以，为了加快由"中国制造"向"中国创造"转变，我国要抓紧构建以智能制造为主的工业4.0体系，作为加快我国产业融合发展的重点方向。只有这样，才能在未来形成高端制造业"自动化＋信息化"融合的智能化生产新格局。

2. 产业融合的康养产业路径

随着我国人口的老龄化，康养产业的需求和市场消费体量急速膨胀。在这种情况下，康养产业已经成为一个热门话题。康养涵盖了健康检测、康复医疗、保健品、家政看护、养老度假、旅游休闲等康养产品和服务，并可以延伸到医疗、保健、旅游、体育、文创、金融、科技等诸多产业领域，最终形成一个具有持续性与稳定性的大健康产业。

第一，从康养产业进行产业融合的特点来看。我认为，康养产业覆盖面广、产业链长，涵盖诸多业态，可以渗透到食品、医药、教育、旅游以及医疗设备制造等领域。康养产业进行产业融合的特点主要表现在以下三个方面。一是要依托当地的资源禀赋，如自然、生态、人文、历史和文化等，打造以优势资源为主题的有特色的健康养生项目；二是要依托现有产业及人才基础，打造具备科技价值的健康科技项目；三是要依托当地特定的自然环境与交通辐射能力，构建医疗健康服务体系，打造以医疗健康服务为特色的医疗健康产业。由此看来，康养产业是一种多元化的产业，将催生许多新业态和新趋势。

第二，从康养产业进行产业融合的路径来看。我认为，随着人们生活水平的提高，康养产业成为新兴产业，已经是顺理成章的事情。在这种情况下，康养产业进行产业融合的路径有以下几条。一是应该由政府主导、企业参与，市场化运作，构建布局合理与功能完善的服务体系。二是要增强康养产业发展的内生动力，为康养产业注入发展活力，从制度和法律层面上规范康养产业的发展方向。三是要注重培育和建设康养产业新兴业态。应该结合本地实际，找准定位，优化结构，培育康养产业中的新兴业态。

第三，从康养产业进行产业融合的未来来看。我国已经进入了老龄化社会，应该不断地完善养老保障体系，为我国养老产业的发展奠定良好基础。康养产业一头连接民生福祉，一头连接社会经济发展，是顺应我国社会结构新变化而发展起来的产业，正在成为我国又一个新兴的具有前景的产业。未来康养产业有着巨大的经济发展潜力。它覆盖面广、产业链长，能推动健康、养生、养老、医疗、金融、旅游、体育、保险、文化、科技、信息、绿色农业等诸多领域的融合发展。由此看来，康养产业有着强大的生命力，将成为我国经济发展的一大动力。

3. 产业融合的文化产业路径

在当今世界，不同国家与不同民族间的交流互鉴的不断深化，将产生两方面的结果：一方面是推动文明的发展，另一方面是促进产业融合。因此，从这个意义上来说，探索产业融合的文化产业路径，有着特殊的意义。

第一，从产业与文化融合的多样性来看。我认为，随着我国经济实力、科技实力、综合国力与国际竞争力、影响力的不断增强，我国正在日益走近世界舞台中央，与不同文明的交流对话也在深入进行。在这种背景下，文化空间与文化视野正在不断拓展。交流孕育融合，融合推动共同进步，这是人类社会文明发展的一大走向。由此看来，产业与文化融合的多样性，正是文化多元化的表现。

第二，从产业与文化融合的路径来看。我认为，要构建人类命运共同体，既需要文化多元化发展，也需要找到产业与文化融合的路径。主要有以下三条路径。一是产业与文化融合的金融路径。文化是一种"软实力"，实施任何文化项目，都需要大量资金投入，而且周期较长，这与其他产业不同。因此，金融成为产业与文化融合发展的首要路径。二是产业与文化融合的科技路径。产业与文化融合发展需要高科技，特别是要制作优秀的影视和动画作品，这样才能适应市场需求。三是产业与文化融合的要素路径。我们应该充分利用我国的传统文化和文物遗迹，促进人类的发展。

第三，从产业与文化融合的趋势来看。我认为，我国的对外开放政策有益于文化多元化。而经济全球化是社会生产力发展的客观要求和科技进步的必然结果。尽管在一些国家中，单边主义、贸易保护主义抬头，但无法扭转经济全球化的发展趋势。因此，为促进全球开放合作，习近平总书记提出共建"一带一路"倡议。"一带一路"倡议的深入实施，在带动经济合作的同时，也将促进相关国家间的文化交流和文化融合。由此看来，"一带一路"是开放之路，也是文明交流与文化融合之路，更有益于文化多元化发展。

第六章

产业融合发展的规律

CHANYE RONGHE
FAZHAN DE
GUILYU

随着信息技术与互联网的发展，产业融合已经成为一种常见的经济现象，对世界各国经济产生了深远的影响。在这种背景下，深入研究和探索产业融合发展的规律，不仅对丰富产业经济理论有重要的价值，而且对于企业发展战略与产业管理体制，以及产业政策变革等方面都有重要的意义。

一、产业融合促进经济增长

经济增长的本质是生产力发展，因此，深入研究产业融合促进经济增长的规律，既是经济理论发展的需要，也是产业融合的实践要求，更是互联网时代的历史使命。

1. 产业融合是推动经济发展的必然要求

我认为，产业融合既是推动经济发展的必然要求，更是产业结构优化与社会生产力发展的必然结果。因此，我国产业之间的渗透融合，必将推动产业结构的合理化。所以，大力推动产业高质量发展与产业转型升级，是历史发展的必然选择。在这种情况下，我们要充分认识到产业融合是推动经济发展的重要一步，是研究产业融合与经济发展的新路径。

第一，从抓住产业融合机遇与抢占发展的制高点来看。我认为，抢抓产业融合机遇，争夺发展制高点是必须的。当前我国社会的主要矛盾已经转化为人民日益增长的美好生活需要和不平衡不充分发展之间的矛盾。在这种情况下，大力推动生产力的发展，必然会给经济发展带来许多契机。产业融合将顺应产业经济新形势进一步发展，这有利于实现区域间资源要素的充分重组与流动，是打破区域间的障碍和壁垒，破除阻碍产业发展顽疾的良方。由此看来，推动产业融合发展是提升产业竞争力的必由之路，是培育新型业态和新兴产业的重要途径。

第二，从推进产业融合与发展新产业来看。我认为，要推进产业融合发展，就是要瞄准新业态，重点推动服务业与制造业、战略新兴产业与传统产业、虚拟经济与实体经济、软件开发与硬件生产融合发展。2020年5月24日国家发改委秘书长丛亮在国新办新闻发布会上说，要着力提升产业链和供应链水平，要巩固传统的产业优势，强化优势产业领先的地位，支持企业实施技术改造和突破瓶颈制约，大力推动补短板、强弱项，增强产业链的弹性和韧性，提升产业基础的高级化、产业链的现代化水平。同时开展数字化转型行动，鼓励企业推进供应链的数字化转型，提高灵活应变和协同能力。还要组织实施先进制造业与现代服务业深度融合发展试点，大力发展新产业、新业态和新模式，培育壮大新增长点和增长极。目前全球信息化发展处于全面普及、深度融合、加速创新、引领转型的新阶段，对各国的经济增长动力、经济社会运行、生产生活方式产生了根本性和全局性影响，成为重构国际经济格局的重要力量。因此，产业融合发展要瞄准新技术、新产业、新业态。我们只有深刻把握信息化发展的新趋势，才能在未来竞争中占据主动和优势。

第三，从推动跨界融合发展与突破区域合作瓶颈的关系来看。我认为，只有跨界融合，才能突破发展瓶颈。一个领域内真正的突破，很多时候得益于其他领域的突破。长期以来，我国产业结构过于依赖加工制造，竞争优势过于依赖成本要素，经济增长过于依赖投资，在全球分工价值链和产业链中偏低端和前端。在这种情况下，产业就要进行深度融合，才能突破瓶颈，推动多个产业之间协同发展，建立起共同的技术和市场基础，实现产业由低层次向高层次的跃升。我们应该认识到，融合并不是简单的合并或结合，融合关键在于"融"，融合的目的是提高企业的生产率，进而提高企业的竞争力。融合的过程是创新过程，融合的结果是新业态产生。当然，融合的主体是企业，融合的动力来源于企业对利润的追求，政府作为产业政策的制定者，应协调制造业和服务业，支持新业态的涌现，促进产业高质量发展。从区域融合来看，需要建立区域协调机构和机制，以促进产业融合。比如说，长三角城市群已经拓展合作领域，建立合作机制，这给长三角城市间的经济协调、融合发展，开辟了新的途径。只有推动产业融合，才能突破区域合作的瓶颈问题。

2. 产业融合是促进经济发展的新动能

我们知道，产业融合是经济发展的新动能。所谓经济发展新动能，是相对过去传统经济增长动能而言的新技术、新产业、新业态、新模式，可以推动人类生产方式进步，促进经济结构变迁。当前我国经济已由高速增长阶段转向高质量发展阶段，随着消费结构升级，产业结构需要从资金密集型转向技术密集型，传统产业亟须改造升级，新兴产业亟待加速培育。与此同时，我们应该看到世界范围内新一轮的科技与产业革命正在由导入期转向拓展期，颠覆性技术不断涌现，催生了大量新技术、新产业、新业态和新模式，经济增长的新动能正在逐步孕育发展。在这种背景下，随着我国数字经济的快速发展，数字的产业化与产业的数字化也将呈现出一种新趋势。由此看来，新一轮产业革命正在孕育兴起，将为世界经济发展注入新动能。这又是一个产业融合发展的机遇期，我国应当主动出击。

第一，从发展新技术、新产业、新业态带来经济发展新动能来看。我认为，新技术、新产业、新业态带来经济发展新动能，主要表现在两个方面：一是新技术、新产业、新业态的不断涌现与成长；二是新技术对传统产业的融合改造和提升。新产业革命改变了劳动力与资本等生产要素，极大地提高了全要素生产率,进而为经济增长带来新动能。而且,由于新工业革命的发展需要,大数据、云技术、互联网、物联网、智能终端等新一代基础设施产生了巨大的投资需求,也会直接提高经济增长速度。在新产业革命下,分工协作方式发生了巨大变化,新产业革命给世界经济发展带来的潜力是巨大的。

第二,从以数字化、网络化、智能化作为经济发展新动能的主要发展方向来看。20世纪90年代以来,计算机芯片处理技术、数据存储技术、网络通信技术和分析计算技术获得巨大突破,以计算机、互联网、移动通信和大数据为主要标志的信息技术、信息产品和信息获取处理方法得到快速发展,信息技术逐步与制造技术深度融合,推动了智能化、数字化、网络化制造技术的创新和扩散,形成了新产业革命的复杂技术系统。在这种情况下,数字化、网络化、智能化成为经济发展新动能的主要发展方向,带来技术与经济的革命。主要表现在以下四个方面:一是信息开始作为独立投入产出的生产要素,成为提升经济社会运行效率与可持续发展的关键因素;二是各生产要素发生了质的变化,引起生产、流通、分配、消费等各领域的经济活动;三是智能制造产业作为新产业革命的先导迅速发展,进一步支持和带动了智慧农业、智慧城市、智能交通、智能物流和智能家居等各个领域的智能化发展;四是生产组织和社会分工方式更倾向于社会化、网络化、平台化、扁平化,为共享经济与创新创业提供了广阔的发展空间。由此看来,我们应该以数字化、网络化、智能化作为经济发展新动能的主要发展方向,抓住机遇进行产业融合,积极推动经济的发展。

第三,从以产业融合、发展新业态为经济发展新动能的核心来看。我认为,以互联网为代表的新一代信息通信技术加速向消费和制造领域扩散,会不断催生新技术、新业态、新模式和新产品。新一代通信技术在生活和消费领域的应用日益广泛,电子商务、远程医疗、网约车等新业态和新模式不断涌现,网络化、平台化、智能化的现代服务业广泛兴起，推动形成了新的消费理念、商业模式和产业形态。在这种情况下，要以产业融合为核心，大力推动制造业产品、装备、工艺、管理、服务向智能化方向发展，促使智能化成为生产方式变革的方向，重构竞争优势与抓住核心目标。

3. 产业融合是推进经济发展的加速器

互联网具有高效、便捷、透明等优势。可以这样说，在互联网时代，产业融合是推进经济发展的加速器。比如，在汽车市场，互联网技术快速发展带来的高效与创新成为推动汽车产业升级的加速器。所以，互联网与传统汽车产业结合，会产生巨大的创新空间。或者说，汽车电商将引领产业生态圈蜕变。从产业融合的视野来看，产业融合是推进经济发展的加速器。

第一，从产业融合是互联网经济的加速器来看。我认为，互联网经济是互联网时代的产物，而产业融合是互联网经济的加速器。当前，网络购物、在线外卖、手机支付等数字化消费场景，已经像柴米油盐一样进入老百姓的日常生活；而信息化与智能化改造等数字化融合场景，持续与传统行业发生着化学反应，助力传统行业转型升级。在这种情况下，互联网时代的数字经济发展是大势所趋，深刻改变了人类的生产和生活方式。我国作为数字经济大国，国家十分重视数字经济的发展，积极推进数字产业化与产业数字化，引导数字经济与实体经济深度融合，这有助于推动经济高质量发展。由此看来，数字经济将通过推动互联网、大数据、人工智能与实体经济深度融合，创造出产业互联网、智能制造、远程医疗等数字产业新业态，促进我国传统产业转型升级和发展。

第二，从产业融合是数字经济发展的加速器来看。我认为，随着5G通信技术的发展，数字技术的驱动引领效应将更加明显，数字经济将不断开辟新赛道。因此，我们要积极抓住全球数字经济快速发展的机遇，发挥制造业大国与数字经济大国的优势，不断提高数字经济对高质量发展的引导作用。我们也应该看到，当前数字经济在世界范围内的发展如火如荼，正在成为经济发展质量变革、效率变革、动力变革的重要驱动力。在这种情况下，我国要大力推动数字经济产业化发展，稳步提升对通信网络建设以及大数据、人工智能、5G 等基础设施的投入。同时，还要高标准、高起点推动传统信息基础设施升级改造，积极构建高速、移动、安全的新一代信息基础设施，提高数字资源的交互效果，为发展数字产业化与产业数字化升级奠定坚实基础。另外，发展数字经济，人才是关键。要通过各种形式大力培养数字经济专业化人才，为发展数字经济奠定良好的基础。由此看来，产业融合是数字经济发展的加速器，未来我国产业融合的进程，将直接影响到数字经济的发展。

第三，从产业融合是实体经济转型升级的加速器来看。我认为，数字经济具有渗透性，是实体经济转型升级的催化剂和加速器。数字经济与传统产业的深度融合，可以催生出经济发展新动能。由此看来，我们要始终紧跟互联网时代信息技术进步的步伐，通过"数字经济＋实体经济"进行转型升级，构建现代产业体系。积极推动数字经济与实体经济融合发展，培育高质量发展新引擎。

二、产业融合推动技术创新

推动技术与产业深度融合，让科技成果转化为现实生产力，这是产业融合推动技术创新的方式。我国要建设成创新型国家，就离不开科技支撑能力的提升。2019 年的政府工作报告中就提出了坚持创新引领发展，切实提升科技支撑能力的问题。我认为，我国应该主动面向世界科技前沿与经济社会主战场，强化原始创新与突破关键核心技术的能力。只有这样，才能进一步释放创新活力，让科技创新为经济社会发展提供源源不断的动力。

1. 产业融合转化为经济发展中的生产力

产业融合催生了许多新产品与新服务，这既开辟了新市场，也促进了资源融合和产业融合，对整个经济与社会发展产生了极大的影响。

第一，从产业融合需要突破核心技术来看。我认为，强化原始创新能力，突破关键核心技术，是产业融合的一个关键点。我们知道，关键核心技术关系到竞争与发展的主动权问题。例如，中国科学院院士周忠和说，关键核心技术创新能力不足，根源在于基础研究的根子不深、底子不牢，缺乏源头活水。加强关键核心技术攻关，首先应当在源头上下功夫。又如，科技部部长王志刚说，基础研究是整个科技创新的源头，对基础研究应当给予足够重视。由此来看，我国产业融合一定要强化原始创新，这样才能突破关键核心技术，解决产业融合的重中之重问题。

第二，从技术与产业深度融合是科技成果转化为现实生产力的路径来看。我认为，要大力推动技术与产业深度融合，让科技成果转化为现实生产力。例如，中国产学研合作促进会副会长兼秘书长王建华说，以企业为主体的产学研一体化创新机制，有利于科技成果与产业发展的无缝对接，有利于科技成果转化为现实生产力。当前越来越多的高校、科研院所和企业通过合作，实现了"多赢"。更多有益于国计民生的科技成果走出实验室并成功转化，为我国经济社会发展提供了新动能。但是，从目前科研成果转化中存在的一些问题来看，我国的技术与产业的结合仍不紧密。由此看来，我们应该注重加快国家技术加工平台建设，让成果转化更加顺畅。同时，还要健全专业化与市场化技术服务及中介服务体系的建设，改善技术成果评价与知识产权交易服务和产权保护执法的环境等，营造良好的产学研创新生态。

第三，从加快产学研结合以促进科技成果转化来看。我认为，产学研结合对科技成果转化为现实生产力、增强企业竞争力、提高高校和科研院所的科研水平都具有巨大推动作用。因此，政府要积极引导企业与高校和科研机构进行深度合作，把高校和科研机构的研究成果直接转化为生产力，并采取多种形式推动产业升级。从世界范围内来看，各国之间的经济竞争越来越表现为科学技术竞争，并具体表现为科技成果转化数量、质量和转化速度的竞争，是科技成果商品化、产业化程度及其市场占有率的竞争。当前，产学研合作已成为各国促进科技成果转化的主要机制，是世界各国推动科技进步和经济发展的普遍方式。产学研合作促进科技成果转化是我国推动科教兴国战略的重要途径，是我国社会经济发展的催化剂。我国经过10多年的大力发展，已经形成一套较有成效的产学研合作模式，正在促进科技成果转化。

2. 产业融合是推动创新的重要抓手

我们知道，产业融合可以做强创新主体，而做强创新主体是为了推进创新、驱动发展，最后构建以创新为引领的经济体系与发展模式。因此，衡量一个创新主体强不强，首先要看它是否具有可持续的科技创新力与商业经营模式。产业融合是推动创新的重要抓手，主要体现在：有助于增强市场主体创新能力，有助于市场主体集聚优质资源要素，有助于市场主体提高资源配置效率。

第一，从产业融合可以提高创新能力与创新资源吸纳力来看。我认为，在互联网时代，互联网、大数据、云计算等信息技术的广泛应用，为各类众创平台与众创空间的发展提供了技术支撑，使跨界融合与开放创新成为全球创新的特点和趋势。因此，产业融合是不同产业的市场主体或同一产业的不同参与者通过渗透、交叉、重组，最终融合为一体，并形成新产业形态的发展过程。产业融合提高创新能力与创新资源吸纳力，主要有以下三种方式：一是通过传统产业与高新技术的渗透融合；二是通过产业间的功能互补与延伸实现产业服务面的增长；三是通过产业内部重组进行融合与资源整合。通过上面三种融合方式，可以使产业边界日益模糊，产业链条不断延伸，并使产业链从低端发展到高端。

第二，从加强产业融合需要政府推动来看。我认为，产业融合是推动经济结构优化的必由之路。随着科学技术的迅速发展，尤其是信息技术的广泛覆盖与深度渗透，制造业的模式和组织方式等发生着重要变革。我们应该看到，产业融合创新能深刻地影响经济结构，加快发展方式由规模速度型转向质量效益型。在这种情况下，加强产业融合需要政府进行积极推动。主要有以下两个方面：一是政府要深刻认识产业融合对做强创新主体和推动创新发展的重要意义，要充分运用各种行政手段支持产业融合；二是要建立产业融合研究机构，紧密跟踪世界科技发展，及时研究现代科技发展趋势对产业发展的影响，加强技术研究，寻找产业发展与现代科技的融合点，指导企业积极延伸产业链条。与此同时，企业是市场主体，实现产业融合必须调动企业参与的积极性，才能形成推动产业融合发展的合力。由此看来，政府在制定产业发展规划时，要主动参与到产业转型发展中，找准企业的发展方向，而企业要积极主动参与，才能加快产业融合的发展。

第三，从产业融合需要各方进行协调来看。我认为，随着大众创业与万众创新蓬勃兴起，战略性新兴产业间广泛融合，推动了传统产业加快转型升级，产业的融合与协同创新趋势日益明显。在这种情况下，加快战略性新兴产业与传统产业融合，促进传统产业转型升级，是当前转变经济增长方式与实现产业结构优化升级的重要途径。而5G技术的应用能够进一步突破人和人、人和物、物和物互联的时空限制，实现信息传输与数据共享等的更高效协同，推动工业化创新能力飞跃性提高。因此，利用5G技术赋能经济社会高质量发展，是通向共同富裕的一条重要路径。未来社会将步入一个更智能化、更个性化的"万物互联时代"。所以，5G与垂直行业深度融合，将发挥催化剂与倍增器的作用。为了加快实现5G技术与实体经济各行业各领域深度融合，有效提高全要素生产力，提升生产效率，我们要全面推动产业从自动化向数字化、网络化、智能化转型。

3. 产业融合是社会经济发展的动力

我们知道，产业融合使原来的产业界线模糊，出现了产业界线重新划分的过程。在这种情况下，技术创新成为产业融合的内在驱动力，市场需求成为产业融合的原始动力。产业融合从产业边界的视角，可分为技术融合、业务融合、运作融合、市场融合；从产业演进的视角，可分为高新技术渗透融合、产业间延伸融合、产业内部重组融合。

第一，从产业融合是推动世界经济发展的动力来看。我认为，当下世界经济复苏乏力，需要寻找重现繁荣的增长点。在这种情况下，产业融合将日益成为推动世界经济复苏与繁荣的重要动力。

第二，从产业融合是推动各个行业和领域发展的动力来看。我认为，产业融合是信息化与市场化发展过程中呈现出的一种新范式。因此，产业间的关联性和对效益最大化的追求是产业融合发展的内在动力，在不同的产业领域内，产业融合以不同的方式演进。由此看来，产业融合是在经济全球化与高新技术迅速发展的大背景下，提高生产率与产业竞争力的一种发展模式。

第三，从产业融合是推动产业革命的动力来看。我认为，在互联网时代，信息化与数字化的融合发展，将对传统产业体系带来根本性改变，催生一场新的产业革命。在这种情况下，产业融合即将导致许多新产品与新服务的出现，开辟竞争性新市场，促进资源的整合。由此看来，产业融合已经成为产业发展及经济增长的新动力。

三、产业融合促使金融变革

随着我国金融业的发展，产业与金融之间的融合已经成为一种发展方向，一种新型发展形态。因此，我们要充分认识产业融合的作用，尤其是要认识到产业与金融业融合能够打破以往传统经济下各个产业之间相互独立的状态，可以促进新兴产业的发展。

1. 产业融合与金融行业互动发展

大力推动产业与金融互动是社会经济发展的要求。在这种情况下，工业生产中各个环节互联互通的生产模式，客观要求金融机构改变以往"点对点"的服务模式，创新发展供应链金融、产业链金融、生态链金融等"链式"产融结合模式。我们面对这样的发展前景，就要依托互联网平台，整合物流、信息流、资金流等各类信息，通过物联网、大数据、人工智能运筹与运营，降低产业链融资成本，寻找新的发展路径。

第一，从产业与金融互动促进金融业可持续发展来看。我认为，金融的发展能够促进产业结构的优化升级，产业结构调整能够推动金融的持续健康发展。产业结构调整与金融发展之间存在互动关系。由此看来，为推动产业与金融互动，就必须认识到金融在产业融合中的特殊作用。

第二，从产业与金融互动推动产业结构调整来看。我认为，金融对产业结构的调整作用是不可忽视的，但产业结构调整对经济发展与金融业发展有积极的促进作用。我们知道，不同的国家、不同的地区，或者不同时期的同一地区，产业发展水平与金融发展状况不同，它们之间的关系也不同。因此，从产业结构状况来看，落后地区的金融业对经济发展的促进作用与发达地区相比还是会有差距的。由此看来，我们对区域金融发展与产业结构调整的相互关系，需要特别关注，这样可以防范其中的金融风险。

第三，从产业与金融互动提升金融行业人才素质来看。金融产业发展与金融行业人才素质的提高，有利于发挥金融产业对经济发展方式转变的作用。金融产业发展与金融人才发展的相互作用，正向的是通过需求牵引效应、承载保障效应、结构优化效应和集聚融合效应等体现，反向的则是通过支撑服务效应、创新驱动效应、相对成本效应和资源配置效应体现。要使产业与金融融合发展，培育金融人才也是一个关键问题。

2. 金融资本与产业资本融合发展

我们知道，产业资本与金融资本融合是经济发展的结果。纵观市场经济发展的历史可以发现，当产业资本发展到一定阶段时，由于对资本需求的不断扩大，就会开始求助于金融行业；而当金融资本发展到一定阶段时，也必须要寻找产业资本支持。例如，我国加入 WTO，为产业资本与金融资本融合提供了更宽阔的道路。所以，产业资本要成功，就离不开金融资本，这就是两者的关系。

第一，从产业资本与金融资本融合是经济发展的必然产物来看。我认为，随着我国经济发展进程加快，市场经济中各种资金的形态已越来越具备资本的特征，产业资本与金融资本如何相互融合，就成为一个极其重要的问题。我们研究两种资本的融合，既是现代经济和资本市场的必然要求，也是产业资本与金融资本融合发展的要求。

第二，从产业资本与金融资本融合是市场发展的必然趋势来看。我认为，产业资本与金融资本融合是市场发展的结果，分析产业资本与金融资本发展的必然趋势时可以发现，两者具有的特性使得两个资本市场相互吸附。由此看来，产业资本与金融资本融合发展，反映了市场发展的客观要求，也反映了市场发展的规律性。

据有关资料统计显示，在世界 500 强企业中，有 80% 以上的企业成功地实现了产业资本与金融资本结合。在我国，排名前 20 的互联网公司就有 19 家涉足金融业务。因此，产业资本与金融资本融合，是企业做大做强的根基。我认为，随着我国经济高质量发展，全球化将成为企业发展的必然选择。在这种情况下，产业资本与金融资本结合成一条重要途径，为企业发展提供了多样化的选择。但是，我国作为发展中国家，应该走出自己的产业资本与金融资本结合之路，我国企业应该根据自己的实际情况选择结合的模式。产业资本与金融资本结合可以优化资源配置，降低交易费用，增加企业的竞争力。

3. 新技术与金融融合推动行业变革

科技的影响正在全面席卷金融行业。特别是金融科技以数据和技术为核心驱动力，已应用于支付清算、借贷融资、财富管理、零售、保险、交易结算等金融领域，充分彰显着金融业未来的发展新趋势。

第一，新技术与金融业深度融合，促成了一种新的生活方式。我认为，未来的时代将是一个科技感十足的时代，人们生活的每一个方面都会与科技产生联系，生活科技化与科技生活化成为主题。金融作为联通人们生活的毛细血管，它的发展受到来自科技发展的影响。互联网成为人们认识世界的新的方式和手段，用户想了解一项新技术，借助互联网就能够实现。同时，新技术与人们生活的联系日益紧密，让金融有更多发挥的空间。比如，智能科技与大数据等新技术能够在很短的时间内飞快发展，其中一个重要原因就在于人们在生活当中越来越多地与这些新技术产生联系。在互联网金融时代，即使人们获取和接触金融产品的方式从线下转移到了线上，但对金融产品本身并没有太多影响。但是，进入信息技术时代之后，金融会因新技术的应用而产生本质改变，从而将人们的生活带入一个全新发展阶段。由此看来，新技术与金融业深度融合将成为一种生活方式，改变人们的观念和社会的形态。

第二，以金融科技化为突破口可以更好地认识金融科技时代。我认为，金融业想要获得快速发展，其中一个很重要突破点就在于金融科技化上。以金融科技化为突破口，金融科技时代终将来临。金融科技化让金融找到更多发展的新路子，其更多的是一种金融本身的改变。比如说，金融表达方式改变、金融运作逻辑重塑、金融环节重构等新思路都是从金融本身来改变这个行业的运作方式的。同时，金融科技化的关键在于金融与科技的深度融合。以金融科技化为代表的金融科技时代关键在于将金融与科技两种元素的深度融合，而非简单相加。或者说，金融与科技深度融合的关键在于，金融的科技化与科技的金融化需要双向并行。当前出现的区块链技术其实正是科技金融化的突出体现。金融与科技两种元素的深度融合，使我们认识到一条有别于互联网金融的全新发展路径，可以通过不同方式强化金融与科技之间的互动和联系，而两者融合可以促进人们生活的变革。

第三，新技术与金融融合可以改变金融业生态。我认为，新技术与金融的融合，正在推动金融业的对外服务模式与对内管理模式的深刻变革，对传统金融业产生一定的冲击。我们知道，随着大量非金融企业进入金融行业，金融市场主体出现显著变化。主要表现在两个方面：一是大量科技企业借助金融科技发展的契机，积极获取金融牌照，跨界提供金融服务；二是大量具有 TOC（面向用户）服务经验的传统企业，发挥用户规模优势，通过用户数据资源与金融科技的结合，积极提供跨界金融服务。目前金融科技应用已经逐渐覆盖到金融业的方方面面，并由此衍生第三方支付、互联网银行、互联网保险等一系列新兴金融业务，传统金融业的生态正在悄然转变，越来越多的传统金融企业都在加强金融科技布局。比如，金融企业通过云计算的应用，对已有信息系统进行整合，推动新业务快速上线，为业务创新提供支撑；借助大数据技术的应用，对已有的金融数据进行整合分析，进一步提升经营效率与降低经营风险。由此看来，新技术与金融融合，正在改变我国的金融业生态。

第七章

产业融合发展新机遇

CHANYE RONGHE

FAZHAN

XIN JIYU

　　2021 年是我国实施"十四五"规划与 2035 年远景目标的开局之年。在经济发展的新阶段，产业融合作为产业经济发展的一种新形态，日益受到人们的重视和关注。产业融合可以推动多个产业之间形成共同的技术和市场基础，从而推进产业由低级向高级提升，有利于打破区域间的壁垒和障碍，进一步促进区域间资源要素的流动与重组。在这种情况下，我们研究和探索产业融合，对于提升产业竞争力，培育新兴产业和新型业态，把握产业融合发展方向，抓住产业融合发展新机遇，有着极其重要的理论意义和现实意义。

一、产业融合发展面临的困境

　　随着互联网技术与互联网经济的快速发展，产业融合面临着许多难题与困惑和挑战。在这种的情况下，分析互联网时代产业融合面临的各种困难和挑战，对于深入研究产业融合发展是一项紧迫的任务。

1. 互联网时代产业融合面临的难题

　　在全球新一轮科技革命与产业变革中，互联网与各个领域的融合发展，已经成为一种势不可挡的时代潮流。但是，随着"互联网＋"、物联网、云计算、大数据等的发展，产业融合面临着许多难题。主要表现在以下五个方面。

　　第一，从平台支撑能力来看。我认为，我国制造企业的互联网化转型能力不足，特别表现在汇聚整合创业创新资源能力的不足，带动技术产品、组织管理、经营机制创新的潜力还没有充分发挥出来。当下许多制造企业与互联网企业对"双创"平台建设的复杂性认识不足，这会影响产业融合发展。

第二，从应用水平来看。我认为，我国制造业与互联网融合进程面临跨越"综合集成"的困境，尤其是融合发展面临智能装备集成薄弱、流程管理缺失、组织机构僵化、数据开发应用能力不足等问题。比如，我国目前仅有14%的企业处于"两化融合"的集成提升阶段，这个比例说明我国的"两化融合"仍然处在初级阶段。

第三，从核心技术来看。我国一些关键器件长期依赖进口，核心技术受制于人，核心工业软硬件、工业互联网、工业云与智能服务平台等制造业新型基础设施的技术支撑能力不足，这成为我国产业融合中的一个"硬伤"。

第四，从安全保障来看。我认为，我国在新技术、新产品、新模式、新业态的安全发展模式与安全规则方面，仍然存在着一些不足和缺失，这也是互联网时代产业融合的短板和瓶颈。

第五，从体制机制来看。我认为，我国的制造业与互联网融合带来了新业态、新模式，但是，从目前存在的问题来看，还需要完善制度环境和政策机制，才能推动其进一步发展。

在"互联网＋"时代，产业融合面临上述各种难题，需要我们深入研究，寻找一些好的解决办法。尤其是需要研究企业大数据平台，以便充分发挥数据优势，使管理更加精细化，提升企业效能，降低生产成本，创造出更多的效益。只有这样，才能进一步推动互联网时代的产业融合发展。

2. 互联网时代产业融合面临的困境

互联网时代的产业融合在各个领域都面临着许多困境。特别是在"互联网＋"出现之后，金融产业、文旅产业等与互联网产业进行融合时面临的各种困境逐步显现。因此，认识互联网时代产业融合面临的困境，有利于我们保持清醒的头脑，提高防范意识。

第一，从金融领域来看。我认为，产业融合对金融业的发展，尤其是对金融业的结构会直接产生影响。产业融合是借助相关技术渗透来促进产业内的增长，借助产业重组来实现产业的向外扩张。但当下的互联网经济中存在"一哄而起"的现象，这将成为产业融合发展的困境与瓶颈。有的企业面临着信用和技术危机，缺乏合理的产业链；有的企业出现了"散乱"现象，因系统开发规模大，其中有的不符合市场需求，造成人力资源的严重浪费等。由此看来，只有对"互联网＋金融"产生的新业态进行科学规划，加强政策扶持与法律监管，注重征信体系建设等，才能从根本上解决问题。

第二，从文旅领域来看。我认为，文旅融合的趋势为一些文化积淀深厚的项目带来了巨大发展机遇。但是，有一些文旅项目面临融资难的困境。融资难是阻碍文旅项目推进的主要原因之一，文旅项目通常需要大量的资金投入，但回收周期往往较长，这与大部分金融资本喜欢短投资与快回报相矛盾。还有，文旅项目的价值评估也是一个难点，其常导致金融资本难以介入。由此看来，要从根本上解决这些问题，就需要政府与金融机构和企业协作，进行资源共享与要素融合，才能解决问题和摆脱困境。

第三，从教育领域来看。我认为，目前互联网技术已发展到较高水平，在各行各业里不断渗透深入，引发了不少新型业态。而产教融合是基于"互联网＋"的一种将产业与教学融合起来的新型办学模式。这种模式的特点是重视产业与教学间的关联，关注产业与教育的共同发展。产教融合在实施与推广过程中面临着一些制约因素，比如，职业院校信息化建设水平亟待提升，教师的信息技术能力不能满足产教融合的发展需要，企业推进产教融合的动力不足。针对这些现象和问题，我们要有措施逐步予以解决。

3. 互联网时代产业融合面临的潜在矛盾和问题

新时代的产业融合还面临着许多潜在的矛盾和问题。我们从下面三个层面进行分析。

第一，从农村的潜在矛盾和问题来看。我认为，我国改革开放 40 多年来，农业和农村发生了巨大变化。但是，农村经济在发展中也暴露出许多问题，尤其在土地、粮食、环境、人口、城乡二元化结构等方面。近年来，我国现代农业发展进程加快，农业劳动生产率不断提高，城乡二元经济中存在的矛盾和问题在持续改善，但改善程度十分有限。而且部分地区的城乡二元矛盾和经济问题还呈现出恶化趋势。又如，城乡要素自由流动机制尚未建立，我国要素市场改革明显滞后，要素在城乡之间的流动受到诸多限制，要素价格扭曲及与市场分离现象仍然存在，这些矛盾和问题严重制约城乡融合发展水平的提升，也妨碍了农村产业融合的进程。

第二，从反垄断层面上的潜在矛盾和问题来看。我认为，我国《反垄断法》的出台与实施，标志着企业竞争新秩序的建立。但是，随着《反垄断法》的推行，我国反垄断诉讼案件会逐渐增多。近年来，由于数字技术在各产业的应用与普及，许多原本独立的产业技术由专用转向通用，产品与服务功能由单一转向综合，市场边界模糊或消失。这些潜在矛盾和问题对产业跨界融合与《反垄断法》的执行，都会带来许多影响。这些新矛盾和新问题也将影响互联网时代产业融合的步伐。

第三，从数据流量爆发式增长产生的潜在矛盾和问题来看。我认为，互联网从 PC 端逐渐向移动端转化，催生了消费型互联网的繁荣。但是，随着互联网用户规模逐步见顶，消费型互联网开始向产业型互联网转型，工业与制造业需要加快提升智能化和数字化水平。随着 5G 通信技术的普及应用，互联网与传统产业尤其是制造业的融合将更加紧密。有关资料显示，全球移动数据流量 2020 年已经达到 40000PB/ 月以上。而我国电信运营商的收入增速却呈下跌趋势，甚至出现负增长。从全球来看，这种收入增速放缓的趋势也较为普遍，据 GSMA（全球移动通信系统协会）预测，2020—2025 年，全球的移动通信收入增速仅为 1% 左右。这些负增长和收入增速降低将给产业融合发展带来许多潜在矛盾和问题。

二、产业融合发展面临的挑战

我国进入互联网时代之后，互联网已经日益介入社会经济生活的方方面面，呈现出高速发展的势头，为我国经济社会发展提供了新的平台。但是，"互联网＋"广泛地渗透到了社会经济生活的各个方面，也就给"互联网＋"产业融合带来了许多方面的挑战。

1. 产业融合观念滞后带来的挑战

产业融合首先面临的是观念的问题，目前有的人观念相对滞后，部分企业经营发展理念固化，对工业互联网平台的理解和认识不够，缺乏开放共享、包容互惠、勇于变革的精神。这些现象将会影响产业融合，成为发展的障碍，甚至是挑战！

第一，从对"互联网＋"认识不足来看。我认为，相当一部分企业和个人缺乏对"互联网＋"的正确认知，无法在现实中主动运用"互联网＋"的理念。当下急需采取各种方式，提高社会对"互联网＋"的认知水平，转变落后的观念和认识。

第二,从对"互联网＋"抱有观望态度来看。我认为,由于缺乏对"互联网＋"的正确认知, 融入互联网的积极态度尚未在全社会得到确立, 甚至一些企业对"互联网＋"存在怀疑态度, 担心产业融合会对原有业务造成冲击和颠覆。一些企业和个人对"互联网＋"抱有观望态度, 不相信"互联网＋"的巨大力量和作用, 急需对其加强引导, 避免他们走向歧途。

第三,从对"互联网＋"在不同产业中的认知程度存在差异来看。我认为,"互联网＋"理念在商业零售、金融、交通等服务行业有较高的认知度, 但在工业制造业、传统农业、部分传统制造业中的认知度则普遍较低。在这种情况下, 有的企业及个人对传统产业与数字产业的融合顾虑重重, 这也成为产业融合的一种挑战。因此, 我们应该看到, 不同领域对"互联网＋"的认识还存在着差距。由此看来, 我们需要正确认识共性和差异, 才能真正提高"互联网＋"的认知度。

2. 产业融合核心技术积累不足带来的挑战

从目前产业融合的情况来看, 一大问题是核心技术积累不足。我国工业互联网平台应用的工业操作系统、大规模集成电路、网络传感器、机器人、工业控制器、高端数控机床、高端工业软件等严重受制于国外厂商, 传统企业在开展创新应用时往往受到技术瓶颈约束, 尤其是行业机理模型与核心算法匮乏, 工业互联网平台应用水平不高, 是最大的挑战。具体表现在"互联网＋"基础设施建设的三个层面: 网络基础设施、数据基础设施与标准接口。

第一, 从网络基础设施上来看。应该加快实施"宽带中国"战略, 加强移动通信网络的建设, 确保我国在网络基础设施上能够赶超其他互联网发达国家。

第二, 从数据基础设施上来看。公共数据开放成为数据基础设施的基石,是数据相互连接与共通的重要渠道。因此，急需打破各领域的信息孤岛，开放公共数据资源，推动全社会对信息资源的开发利用。

第三，从标准接口上来看。新兴行业生产服务标准的滞后与相关接口不统一是"互联网＋"发展的重要阻碍。因此，在跨界融合中应该尽快解决诸多因接口不统一而导致的重复开发和效率低下问题。

由此看来，只有解决产业融合核心技术积累不足的问题，才能乘风破浪，勇往直前，促进产业融合发展。

3. 产业融合发展生态尚未完善带来的挑战

目前相应的标准体系在行业上下游间暂未统一，各方自行推动的标准建设带来较高的重复建设成本。这与互联网相关政策法律的缺失与体制机制不完善等有关，是产业融合发展生态尚未完善带来的问题。

第一，从互联网入口为企业提供用户平台来看。我认为，互联网将海量的用户集中到一起，为企业、公共服务、创业者提供了重要的流量入口，也成为企业产品和服务触及海量用户的核心突破口。但是，目前各行业对于通过互联网触及用户的准备不足，这是一个关系到生态系统建设的问题。

第二，从互联网金融需要使用信息技术来看。要实现资金融通与供需双方高效对接，就应该逐步建立征信体系，这样可缓解中小企业融资难的问题。这也是关系到生态系统建设的问题。

第三，从大数据与云计算来看。我认为，大数据与云计算可为企业数据存储与信息精准推送提供良好的技术手段和平台。但是，目前仍然面临数据挖掘不够的问题，这会直接影响生态系统的发展。

三、产业融合发展面临的新机遇

《中共中央关于制定国民经济和社会发展第十四个五年规划和二〇三五年远景目标的建议》中提出，坚持把发展经济着力点放在实体经济上，坚定不移建设制造强国、质量强国、网络强国、数字中国，推进产业基础高级化、产业链现代化，提高经济质量效益和核心竞争力。随着我国移动互联网、大数据、云计算、物联网、人工智能等新技术、新业务和新生态的发展，各行各业正在以互联网为平台进行融合创新，"互联网＋"进入快速发展的时期。我认为，这是一个非常难得的历史机遇，我们应该抓住互联网时代产业融合发展的新机遇。

1. 要抓住推进产业转型升级与融合创新的机遇

互联网时代是推进产业转型升级与融合创新的一个机遇期。当前，国家推进产业深度融合的各项政策措施正在实施，新一轮的技术创新和产业变革，为各个行业转型、创新、融合提供了历史机遇。在这个新形势下，应该抓住机遇，通过实现产业融合，推进产业转型升级。

第一，从产业转型升级与融合创新的广度来看。我认为，"互联网＋"正在以信息产业为基点全面应用到第三产业，并形成许多业态，例如互联网金融、互联网交通、互联网教育等，并向第一和第二产业渗透。比如说，工业互联网正在从消费品工业向装备制造与能源和新材料等工业领域渗透，将全面推动传统工业生产方式的转变；农业互联网在从电子商务等网络销售环节向生产领域渗透，这将为农业带来新的机遇，提供广阔发展空间。由此看来，当下是我国推进产业转型升级与融合创新的历史机遇期，我们应该抓住和把握机遇，提升融合创新的广度。

第二，从产业转型升级与融合创新的深度来看。我认为，"互联网＋"正在从简单的信息传输逐渐渗透到销售、运营和制造等多个产业链环节，并通过物联网把传感器、控制器和人连接在一起，形成人与物、物与物的全面连接，促进产业链的开放融合。由此看来，推进产业转型升级与融合创新向深度发展，有利于将工业时代的规模生产转向满足个性化需求的新的生产模式。

第三，从产业转型升级与融合创新的发展来看。我认为，互联网正在重塑传统产业，推动着信息技术与传统产业的全面融合。在这种情况下，如果抓住承接产业转移的机遇，瞄准新业态和新趋势，重点推动传统产业与战略新兴产业、制造业与服务业、实体经济与虚拟经济、硬件生产与软件开发融合发展，将会形成多元化、多层次、多形式、多渠道的产业融合发展新格局。由此看来，推进产业转型升级与融合创新，符合互联网时代变革的要求。

2. 要抓住促使公共资源配置整合与优化的机遇

我们知道，互联网使公共资源配置得到优化。研究公共资源配置模式问题，不仅是对公共资源分配的有益探索，也是实践公共资源合理配置的重要举措。

第一，从"互联网＋"打破信息不对称来看。我认为，"互联网＋"通过打破信息不对称与减少中间环节，提高劳动生产率，从而提高资源使用效率。比如说，信息不对称导致的"一哄而上"、重复生产、同一号产品供给量太多等，会造成浪费和损失。要注重通过"互联网＋"的发展，将公共服务辐射到更多有需求的群体中去，提供跨区域的创新服务，尤其是要为教育与医疗等资源的普及提供全新平台。在这种情况下，要加强行业协商机制，推广技术成果，积极填补技术短板。由此看来，"互联网＋"打破信息不对称，既为稀缺公共资源提供了整合服务的平台，同时也为地方政府的廉政建设创造了条件。

第二，从"互联网＋医疗"模式的便捷来看。随着互联网的发展，许多企业看到了"互联网＋医疗"模式的发展趋势，从事"互联网＋医疗"，尤其是智慧医疗领域的队伍会越来越大，"互联网＋"让医疗行业的发展越来越快。医疗领域的革新，可以为民众就医提供便捷与高效的解决方案。

第三，从"互联网＋公共服务"模式的效率来看。我认为，"互联网＋公共服务"的模式，可以提升政府服务能力，提高效率，提升公共服务水平。由此看来，提高"互联网＋公共服务"模式的效率，也是抓住促使公共资源配置整合与优化的途径。

3. 要抓住推动共享经济成长与发展的机遇

我们知道，共享经济是信息革命发展到一定阶段后出现的新型经济形态。它依托互联网与物联网等技术和相关平台，将分散的商品或服务进行整合，让闲置资源在供需方之间实现合理流转和优化配置，进而驱动资产权属、组织形态、就业模式、消费方式等方面的多元化革新。随着信息技术与移动互联网的发展，我国的共享经济已覆盖交通出行、医疗保健、餐饮、住宿等多个领域，不断方便人们的生产和生活。所以，我们要抓住推动共享经济成长与发展的重要机遇。

第一，从推动新旧业态深度融合来看。共享经济具有供给能力强、边际成本低、扩张速度快等优势，必然会对现有的商业逻辑与利益分配方式产生冲击。因此，要统筹传统经济业态与共享经济业态协同发展，推动新旧经济业态深度融合。推动新旧业态深度融合，就要充分运用大数据等信息技术，促进传统经济业态和共享经济业态共生共荣。

　　第二，从培育共享信用文化基因来看。我认为，共享经济是一种信用经济，其发展高度依赖于人和人之间的信任。因此，我们要深刻把握共享经济蕴含的共享、合作、融合、协同等理念，发扬合作互利与共享互惠精神，在全社会形成讲诚信与守信用的文化氛围。

　　第三，从共享经济角度来看。我认为，共享经济的核心是提倡互利共享，高效对接供需资源，提升闲置资源利用率。因此，我们应该通过供需双方的高效对接，提高闲置资源利用率和劳动生产率，推动共享经济的健康发展。

第八章

产业融合发展新趋势

CHANYE RONGHE
FAZHAN
XIN QUSHI

随着我国实施国内国际"双循环"的发展策略，一个以畅通国民经济内循环为主的新发展格局正在构建之中。伴随着全球化和信息化的愈演愈烈，新知识、新技术、新流程等新的生产要素源源不断地涌现出来，产业与贸易形态日益丰富多元，而产业融合将成为现代产业发展的一个重要特征。在这样一个背景下，产业融合需要以信息技术为基础，实现信息技术革命成果的产业化，并以产业创新的方式，大力拓宽产业融合的发展空间，形成产业融合发展的新趋势。

我在对当前产业融合现象进行深度观察和分析研究之后，深刻认识到在我国产业融合发展的过程中，呈现出以下多层次的发展趋势。

一、产业融合的总趋势

原有产业构成要素的相互整合与重组，将对企业原有的商业模式提出创新要求。在这种新的趋势下，商业模式创新成为企业持续生存的基本条件。因此，我认为，未来产业融合将突出呈现三个方面的总趋势：一是新技术带动产业融合趋势；二是金融业推动产业融合趋势；三是文化产业推进产业融合趋势。商业模式创新为技术创新与技术融合提供了支撑，而技术创新与技术融合是产业融合的催化剂，可以有效推动产业融合的进程。

1. 新技术带动产业融合趋势

我们知道，新技术带动产业融合是社会生产力进步以及产业结构变化的必然结果。因为新技术不仅促进了传统产业的改变，也推动关联产业的彼此交融。在这种情况下，需要提升产能，提高效能，提升管理水平，提高产品创新能力，并充分应用"互联网＋"、人工智能等手段，积极促进产业融合。

第一，从新技术应用带动产业融合来看。我认为，新技术带动产业融合的趋势越来越明显。比如说，目前 AI 已在金融、医疗、安防等多个领域实现技术落地，正在实现全方位的商业化，引发各个行业的深刻变革。与此同时，AI 也已全面进入机器学习时代，未来 AI 的发展方式将是把关键技术与产业进行结合。随着技术的进步，人类获取知识的途径开始变得更加高效和便捷。我相信，在不久的将来，绝大多数的知识将被机器提取和储存，新技术带动的产业融合将会在各个领域中展开。新技术的率先应用能推动产业融合，带动以数字化、网络化、高效化为主要特征的智慧产业发展。比如说，从英国、美国、日本等国产业融合的案例来分析，这些产业融合主要发生在金融业、文化媒体、商务服务等领域。大数据与人工智能的迅速发展，一定会推进产业深度融合，将智能化应用带给用户和企业。

第二，从新技术应用推动生产力发展来看。伴随着以信息技术为代表的高新科技迅速发展，产业融合逐渐成为信息化与工业化协调发展过程中形成的一种新范式，行业的边界日趋模糊，越来越呈现出"你中有我，我中有你"的态势。在这种情况下，产业融合导致了许多新产品与新服务的出现，这既创造了新需求，又开辟了新市场，还优化了资源配置。从带动就业和人力资本发展的角度来看，产业融合也成为产业发展及经济增长的新动力。由此看来，随着制造业与互联网的进一步融合发展，网络化协同、个性化定制、在线增值服务、分享制造等"互联网＋制造业"新模式逐渐产生，这将有力地推动生产力发展。

第三，从新产业革命是新科技革命与传统产业融合的结果来看。我认为，新产业革命是传统产业融合新科技革命的成果。无论从重大科学发现和技术演进趋势，还是从人类共同面临的可持续发展需求看，新产业革命都基于多重技术的交叉融合。新产业革命能从根本上改变技术路径、产品形态、产业模式，推动产业生态与经济格局的重大调整。与此同时，新技术正在成为产业融合、行业引领、企业竞争的重要战略力量，将会在新兴数字经济领域具有更广泛的影响和应用，在未来深刻改变互联网产业格局。这是新产业革命与新科技革命融合发展的一种新趋势。

2. 金融业推动产业融合趋势

随着金融全球化进程的推进，以及政府对金融管制的放松与监管法规的变化，我国已经呈现出混业经营的态势。在这种情况下，金融业的交叉并购与混业经营趋势明显，特别是银行、证券、保险业之间的交叉并购与融合发展越来越成为热点。由此看来，金融业推动产业融合，对发展市场经济与社会化大生产，搞活国有大中型企业与深化金融体制改革将起很大的促进作用。所以，金融业推动产业融合将成为一种必然趋势。

第一，从金融与科技融合来看。我认为，随着云计算、大数据、人工智能和区块链等新兴技术在金融业中的广泛应用，科技对于金融的作用被不断强化，具有创新性的金融科技产品层出不穷，金融科技发展已经进入新阶段，尤其体现在数字人民币得到实际应用，数字金融突飞猛进，智能金融初见端倪上。在这种情况下，传统的金融机构和金融业务及金融产品，将深度融合到金融科技与大数据技术之中。特别是随着5G技术的普及，数字金融产业在新一代信息技术的支撑下，将借助与先进科技的深度融合，走向进一步智能化。

第二，从数字金融全球化来看。我认为，随着大数据与各个行业跨界融合，金融业的数据资源越来越丰富，而且业务发展对数据的依赖程度越来越高。在这种情况下，大数据技术就成为金融业发展的一大推动力。我们分析未来发展的趋势，一方面金融大数据与其他跨领域数据融合应用的趋势会不断强化，金融机构的营销与风控等服务会更加精准。同时，跨行业数据的融合与应用，也会使金融业设计出基于更多场景的金融产品，与其他行业进行更深入地融合。另一方面，满足金融业需求的大数据技术标准和应用规范的建立，将会成为金融大数据应用拓展的关键点。建立与完善金融大数据的技术标准和应用规范，也是推动金融大数据进一步发展的重要保障。基于数字金融的数字人民币，也将因我国经济的产出与贸易总量位居世界重要地位，在国际上被逐步接受。

第三，从直接金融与间接金融融合来看。我认为，人工智能与区块链技术的应用和发展，能加快直接金融与间接金融融合发展的进程。从目前人工智能在金融领域的应用趋势来看，人工智能通过与大数据技术的结合应用，已经覆盖了几乎所有的金融应用场景。而从区块链在金融领域的应用趋势来看，随着区块链技术在金融领域的应用逐步落地，金融机构在跨境支付与智能合约和征信管理等多个业务领域逐步开始采用区块链技术。可以预见，在短期内区块链在金融领域的应用仍是探索为主，其大规模广泛应用的实现仍然需要认知智能的进一步发展。从应用领域来看，智能风控、智能投顾和智能投研等应用场景，是人工智能在金融行业应用最具潜力的领域，也是技术要求最高与应用难度最大的领域。在未来，与金融产业的融合必将成为人工智能应用发展的核心方向。数字经济对推动高质量发展具有战略意义，数字经济发展将激活创新生态，大幅减少中间环节，突破时空约束，有效对冲融资成本的提高，提高效率，进而提高投融资的边际产出效率与全要素生产率。由此看来，随着线上直接融资与间接融资等新业态和新模式的涌现，直接融资与间接融资将进一步融入大数据、人工智能、物联网、区块链等技术创新与客户产业数字化应用之中。

第四，从产业金融与消费金融融合来看。我认为，新一代信息技术形成的融合生态，将推动产业金融与消费金融融合发展。云计算、大数据、人工智能和区块链等新兴技术，并非彼此孤立，而是相互关联、相辅相成、相互促进、融合发展的。大数据是基础资源，云计算是基础设施，人工智能依托于云计算和大数据，三者共同推动金融科技发展走向智能化时代。云计算、大数据、人工智能和区块链等新兴技术，在实际应用过程中联系变得越来越紧密，彼此的技术边界在不断模糊，未来的技术创新将越来越多地集中在技术交叉与融合区域。比如说，数字经济将进一步推动产业转型升级，新一代数字技术的突破性发展，使得数据日益成为核心生产要素，产业结构升级将更多地表现为数据要素投入带来的边际效益改善，从而推动各个产业的数字化转型，促进从研发设计、生产加工、经营管理到销售服务全流程数字化的实现，促使供需精准对接，为产业转型升级开辟新路径。尤其是数字金融将成为产业与科技深度融合的桥梁和纽带，数字金融的信息链将统筹政策链、资金链、创新链、产业链、供应链、人才链等，实现第一、第二产业与第三产业的链接，强化产业金融与消费金融的融合。

3. 文化旅游产业推进产业融合趋势

随着我国文化产业规模日益扩大，其与其他产业深度融合的特征逐步显现。目前我国文化产业已经形成与旅游业、智能制造、农业、体育产业等渗透、融合的发展态势。随着国内外文化产业融合发展的实践，文化产业显现出更深层次的潜在功能，其融合发展方式不断深化。我们可以这样说，文化产业与其他产业的融合不是一种单纯的产业现象，而是一种与新时代相适应的新生产业发展的范式。下面我们从三个层面上做一个简要的分析，探索我国文化产业与其他产业融合发展的总体趋向。

第一，从文化产业与旅游产业的融合发展趋势来看。我认为，文化产业与旅游产业融合发展是大势所趋，因文化与旅游相生共兴，相辅相成。随着人们对精神生活的追求不断提高，越来越多的旅游者正跨入深度旅游阶段。在这种情况下，文化日益成为支配旅游活动的一大要素，而旅游则是文化实现教化功能与娱乐功能的重要载体。因此，以文化为内容、旅游为平台的文化旅游产业将呈现出前所未有的生机和活力。积极促进文化产业与旅游产业融合发展，也反映了世界旅游产业发展的大趋势。对国内外一些旅游先进地区的成功经验做深度观察后发现，旅游产业与文化产业融合程度越高，旅游产品就越优质，吸引力就越强，旅游经济就越发达。比如，法国巴黎、英国伦敦，以及北京、西安、杭州等中外著名旅游城市就是这样的。所以，大力发展文化旅游，就要从深度和广度上促进文化产业和旅游产业相互融合，实现文化产业和旅游产业的良性互动与共赢发展。风景名胜是文化的载体，是一个地区的文化名片，旅游产业与文化产业融合是旅游业发展的主要方向。旅游产业是文化产业的主要表现形式和载体，二者融合也是服务业发展的必然趋势。我们可以这样预测，未来"旅游演艺＋科技创意""旅游演艺＋文化遗产""旅游演艺＋全球视野"有望成为新的发展方向；塑造独一无二的 IP将成为主题公园的发展趋势；主题酒店体现竞争优势；历史名村名镇旅游发展必须在传承中创新；博物馆和艺术馆等旅游产品将成为文旅产业发展取胜的关键环节。作为旅游产业的重要组成部分的乡村旅游，更是振兴乡村经济的重要抓手。

第二，从文化产业与科技产业的融合发展趋势来看。我认为，当今世界已进入经济全球化、信息化、数字化时代，促进文化产业发展必须依靠文化与科技的融合。而要推动文化产业与科技产业的融合，首先就要正确认识文化产业与科技产业融合发展的趋势，才能找准推动文化与科技融合发展的着力点，真正发挥出在文化与科技的深度融合中产生的创新、引领、转化、驱动的作用。未来文化与科技的融合发展，可能会呈现出以下三种趋势。一是万物互联与跨界融合趋势。"互联网＋"已经不仅仅是"互联网＋传统产业"，而是互联网思维方式与生活方式的进一步融合。尤其是随着5G时代的到来，无论是文化还是科技都将继续与制造业、农业、金融等产业深度融合，并在跨界思维的引导下裂变出新兴业态。二是资源共享与数字化趋势。文化资源的开放共享，使数字化和社会化成为主流。比如，图书馆、博物馆、文化遗产地等文化载体，储存着丰富的文化内容和素材，但更多的是承担着公共文化服务功能。随着数字经济和虚拟现实、增强现实等技术的发展，这些文化内容借助数字化手段实现了版权化的再生，在跨媒体与跨介质传播中将会发挥更大的作用。三是创意浪潮与文化产品消费崛起趋势。随着社会的发展，大众文化的传播将进一步向文化消费和文化市场延伸。比如，虚拟现实、增强现实、全息成像、裸眼三维图形显示、交互娱乐引擎开发、互动影视等新技术发展，将会进一步促进游戏产业、影视娱乐业、文化旅游业等的发展。由此看来，文化与科技融合发展，将催生新一轮的文化消费革命。

第三，从"文化＋"的发展趋势来看，我认为，产业大融合的背景下，文化产业的表现会更加活跃，将铸造出"文化＋"这个崭新的发展形态。"文化＋"是指文化要素与经济社会各领域更广范围、更深程度、更高层次的融合、发展。比如，有的专家学者认为，产业融合发展有三个阶段：初级阶段往往表现为产业间的单向融合；中级阶段往往表现为以两产业链各价值节点与产业相关要素为对象进行的双向融入；高级阶段往往表现为产业无边界的一体化状态。由此看来，文化产业融合、发展、创新是处于高级阶段的，而"文化＋"产业融合发展，就是要加大资源挖掘、要素整合、产业耦合力度，在各种业态之间架起桥梁。简要地说，"文化＋"产业融合趋势就是跨要素融合——以文化、科技、信息、创意、资本、市场、人才、品牌等为代表的产业要素通过集聚创新形成融合发展模式；跨行业融合——通过行业间的功能互补与链条延伸，文化内容和创意设计向其他产业渗透，消除行业之间的壁垒；跨平台融合——利用"文化＋互联网"进行跨平台融合，进行多领域与跨平台的融合创新，只有产业信息化水平越来越高，才能引领"文化＋"产业融合的发展。

二、产业融合的基本趋势

全球化与信息化的发展，使得新知识、新技术、新流程、新业态等不断涌现出来，使产业融合与贸易形态日益多元化。在这样的社会经济背景下，未来的产业融合，将呈现出向创新发展、纵深发展、学科交叉发展的基本趋势。

1. 产业融合向创新发展的趋势

当前我国产业发展正处于推进工业化与加速信息化相重叠的时期，并逐渐进入打造国际综合竞争优势的发展阶段。在这种情况下，产业发展已经呈现出信息技术与制造技术融合、制造业与服务业融合、实体经济与虚拟经济融合、生产者与消费者融合的新趋势。然而，我国一些现行的体制、机制以及市场环境还不能适应产业融合创新发展的要求。所以，为了推进产业融合在各个层面的创新发展，我们要把握创新发展趋势，才能实现创新目标。

第一，从产业融合向协同创新发展来看。从创新发展的角度来看，首先应该推进以企业为主体的产、学、研、用相结合的协同创新方式。企业创新包含技术创新、机制创新、协同创新等方面内容。协同创新是以产、学、研、用相结合为前提的，企业可以借助给客户提供相关服务的机会，加强与客户的合作，利用客户资源，扩大企业的资源范围和规模，开拓企业创新的视野和途径。实际上，客户的需求、信息、知识等资源，可以成为企业创新的重要来源。要推动产业融合发展，需要大力开展以企业为主体的产、学、研、用相结合的协同创新，将一些外部资源纳入融合创新体系中。要发挥以企业为主体的产、学、研、用相结合的开放式协同创新的优势，以主攻关键核心技术为方向。比如，2020 年下半年华为技术有限公司 CEO 任正非先后拜访上海交通大学、复旦大学、南京大学、东南大学、清华大学和中科院等多所大学及科研单位。9 月 9 日，他在与中科院专家学者们的交流会上说，华为非常重视与中科院的合作，希望双方继续紧密合作，充分集聚中科院的科技创新资源与华为的优质资源，围绕未来技术的发展趋势，探索科技前沿，共同促进经济社会高质量发展。他强调，在新时期国内国际"双循环"的新格局中，要以更加开放的态度加强各个层面的科技交流，将合作向基础性科学技术前沿领域拓展，共同把握创新机遇，推动科学家的思想智慧和研究成果转化为经济社会发展的强大动力。由此看来，企业和科研机构要充分利用互联网、大数据、人工智能、区块链等前沿技术进行协同创新与合作攻关，解决产业融合发展中的瓶颈和难点，促进产业融合向协同创新的大方向发展。

第二，从产业融合向平台创新发展来看。我认为，互联网时代的产业融合要充分发挥平台的创新作用。要适应产业融合发展的新趋势、新业态、新模式，首先就要加大网络基础设施建设力度，强化互联互通，提升产业的网络化和智慧化水平。与此同时，还要积极发展新一代信息技术服务业、智能物流系统、第三方物流等，使相关企业降低运营成本，提高流通效率。而要实现这个目标，就要积极推进 5G 技术应用，以适应平台经济快速发展需要，并明确平台运营规则与权责边界，提升整合资源与协同创新能力，支持平台企业带动与整合上下游产业发展。由此看来，只有优化平台治理机制，探索开展平台化与生态化多边协同创新，才能形成"共同参与、共同担责、共同分享、发展共赢"的局面。

第三，从产业融合促进服务创新发展来看。我认为，产业融合促进现代服务业发展与创新是一种趋势。新一轮科技革命引发了服务业创新升级，也加速了服务内容与业态和商业模式的创新，推动了服务的网络化、智慧化、平台化，知识密集型服务业在经济中占的比重快速提升。在这种情况下，服务业融合发展态势更加明显，尤其是个性化、体验式、互动式等服务消费蓬勃兴起。我们从服务创新发展的三个层面上来看：一是生产服务层面有信息服务、金融服务、科创服务、互联网金融、商务服务、人力资源服务、节能环保服务；二是流通服务层面有现代物流、现代商贸；三是社会服务层面有教育培训服务、健康服务、体育服务、养老服务、文化服务等。由此看来，产业融合促进服务创新，既是打造中国服务新品牌的需要，更是建设服务业强国的要求。

2. 产业融合向纵深发展的趋势

产业融合向纵深发展，是随着产业融合范围的不断扩大，融合深度进一步加深而出现的一种现象。由于新技术驱动的新型生产性服务业的蓬勃发展，尤其是以第三方物流与电子商务平台为核心的新型生产性服务业的发展壮大，产业融合向纵深发展也出现了多样化现象。

第一，从数字技术助推媒体融合向纵深发展来看。我认为，加快推动媒体融合发展是媒体行业顺应数字经济时代要求的必然举措。2014年8月，中央审议通过了《关于推动传统媒体和新兴媒体融合发展的指导意见》，吹响了媒体融合发展的号角。近年来，中央和地方各主要媒体共同发力，从内容、渠道、平台、经营、管理等方面不断创新理念、整合资源、转型升级，探索出一套数字经济时代的媒体发展模式。比如，2019 年 1 月，中共中央政治局在人民日报社就全媒体时代和媒体融合发展举行第十二次集体学习，习近平同志在主持学习时发表重要讲话指出，加快推动媒体融合发展，使主流媒体具有强大传播力、引导力、影响力、公信力，形成网上网下同心圆，可以使全体人民在理想信念、价值理念、道德观念上紧紧团结在一起，让正能量更强劲、主旋律更高昂。又如，从最近几年对"两会"的报道方式来看，各家媒体用实际报道诠释着全媒体时代的全程媒体、全息媒体、全员媒体、全效媒体，这就是新技术助推媒体融合向纵深发展的典型案例。由此看来，在新技术助力下，主流媒体以"互联网＋"的形式实现了对传统媒体价值链的重构。

第二，从"两化"融合促进产业融合向纵深发展来看。我认为，当前工业化与信息化融合成效显著，"两化"融合已步入快速发展轨道，为我国建设制造业强国奠定了坚实基础。2013 年，工信部发布的《信息化和工业化深度融合专项行动计划（2013—2018 年）》指出，开展企业"两化"融合管理体系标准建设和推广行动、企业"两化"深度融合示范推广行动、中小企业"两化"融合能力提升行动。"两化"融合是信息化与工业化高层次的深度结合，以信息化带动工业化、以工业化促进信息化，走新型工业化道路是"两化"融合的核心内容。由此看来，坚持推进信息化与工业化深度融合，是加快经济发展方式转变、优化经济结构的着力点和切入口。用信息技术提升传统制造业，也可以为老工业基地城市的全面振兴提供保障。

第三，从互联网助力产业融合向纵深发展来看。我认为，数字经济已成为我国经济发展的新引擎。新技术的加速应用，催生了新的产业形态，有力提升经济发展质量，推动产业结构优化升级。在线教育、在线问诊、网络视频、网络购物、网络音乐等应用的快速发展，充分展现了技术发展带来的新机遇。现代信息技术的突飞猛进造就了数字经济的蓬勃发展。以5G、云计算、大数据、物联网、人工智能、区块链等为代表的数字技术创新，推动着产业融合向纵深发展，为所有产业带来了颠覆性的变革与创新，也驱动着数字经济与实体经济的融合发展和经济效益的增长。

3. 产业融合向学科交叉发展的趋势

时至今日，产业融合已经是一个"大融合"的概念，不再只是指某个产业链上下游间的融合，也不只是指传统产业与高新技术产业的融合，而是多个产业之间的相互融合。因此，认识产业融合向学科交叉发展的趋势，有助于推动我国在更大程度实现产业融合。

第一，从技术交叉向产业融合发展的趋势来看。新一轮技术与产业革命，不仅仅依赖于一两类学科或某种单一技术，而是需要多学科、多技术领域的高度交叉与深度融合。因此，我们可以这样说，技术交叉融合趋势决定了战略性新兴产业不可能也不应该孤立地发展，而是既要有利于推动传统产业的创新，又要有利于未来新兴产业的崛起。由此看来，战略性新兴产业与其他产业之间、战略性新兴产业内部之间的交叉融合也是大势所趋。所以，既要注重销售模式的改变，又要审视信息传播模式的改变。可见，技术融合、产品融合、企业融合、市场融合等不同方面的融合，实际上是跨界的产业融合。在这种情况下，产业融合还要考虑到供给侧结构改革，因为产业融合将对解决过剩产能起到积极的作用。

第二，从产业融合向交叉技术发展的趋势来看。过去人们通常讲的产业融合主要有以下三种类型：一是高新技术的渗透融合；二是产业间的延伸融合；三是产业内部的重组融合。但实际上产业融合向交叉技术发展，即高新技术产业向其他产业的渗透与融合往往表现出一种交叉的趋势。例如，当前出现的制造业智能化现象，就是以信息网络、机器人、3D 打印、互联网等为代表的新兴技术渗透到了制造业，这个渗透过程就是一个产业融合现象，推动了制造业由机械化与电气化向智能化方向发展。

第三，从交叉渗透跨界推动价值链融合来看。产业融合不是产业重叠，而是通过融合之后，新产业会在很大程度上替代原有的产业，并作为一种突破传统范式的产业创新形式，冲击并变更着传统的产业结构，成为产业转型升级、提高竞争力的重要发展路径。因此，我们研究技术融合、产品融合、企业融合、市场融合等不同方面的融合，实际上是研究产业跨界渗透与融合现象。我们只有把这些方面内容整合起来，才能构成产业融合的整体内容。产业间的关联性与对效益最大化的追求，是产业融合发展的内在动力，而技术创新与应用则是当今产业融合发展的催化剂。由此看来，产业融合的过程实质上就是打破原有产业或企业间的分工界线，形成一种新的分工方式，并通过产业内的重新分工，建立起一种有序的分工链条。

三、产业融合的新趋势

随着全球化和信息化的发展，产业融合成为现代产业发展的一个重要特征。在这样一个背景下，随着互联网与物联网的发展，产业融合发展将出现以下新趋势。

1. "互联网+农创"的产业融合路径

随着互联网在经济发展中地位的不断提升,"互联网+"已经成为现代农村产业发展不可或缺的要素。因此,我们可以这样说,"互联网+"与农村产业的融合,不仅是经济发展的新渠道,也是农村产业融合的具体实现路径。

第一,从"农创+电商"推动产业融合来看。我认为,以信息化推进农业现代化,加快发展农村电子商务,促进新型农业与电商深度融合,以"互联网+"助推农村产业融合,带动农民增收,是一个大方向。"农创+电商"是推进农村新旧动能转化的重要路径,也是促进农村产业融合的关键。"互联网+"通过技术渗透与功能拓展和资源整合这三个层面促进农业电子商务、智慧农业、农业个性化定制等新业态的发展,进而通过产业技术创新,重塑农业产业活力。由此看来,利用"互联网+"促进农业现代化,就可以解决在信息化与技术方面存在的一些制约,实现可持续发展。

第二,从融合发展促进产业振兴来看。我认为,融合发展是产业振兴的必由之路。从世界发达国家的情况来看,其现代化水平已经很高,但现代化的结果往往是乡村人口稀少,且老龄化特别是农业经营者高龄化现象十分严重。现代化伴随着乡村凋敝是世界多数国家都在发生的普遍现象。而从我国现代化发展进程来看,随着现代化的不断推进,农业农村不断发展,农民生产生活条件持续改善。但是,我们必须看到,我国农业农村发展仍然相对滞后,城乡居民收入和生活水平差距较大,农村留守老人、留守妇女、留守儿童问题还没有得到很好地解决。因此,"谁来种地"的问题需要破解,"三农"问题仍然是我国经济社会发展不平衡和不充分的表现。近几年来,我国农村涌现出一些新业态,如旅游和电商,农业产品附加值得到提升,农村产业蓬勃发展。农村的经济发展不仅拓宽了农民增收渠道,而且还吸引了一些回乡、返乡、下乡的农民工和城里人。从长远来看,转换农业发展动能,支持农民创业、就业，是实施乡村振兴战略的重要路径。

第三，从产业融合和产业振兴推进经济持续增长来看。我认为，要推动乡村产业振兴，就要推进产业融合，催生融合业态，建立融合机制。发展融合业态是增强乡村产业聚合力的一个重要条件，只有进行产业融合和产业振兴，才能形成"农业＋"多业态发展态势。由此看来，要发展连接城乡的多类型产业业态，就必须构建县乡联动与镇村一体的产业格局，才能推进社会经济持续发展和增长。

2. 构建"双循环"产业融合发展路径

2020 年 5 月，中共中央政治局常委会会议提出"构建国内国际双循环相互促进的新发展格局"。习近平总书记在参加全国政协经济界委员联组讨论时再次强调，要逐步形成以国内大循环为主体、国内国际双循环相互促进的新发展格局，培育新形势下我国参与国际合作和竞争新优势。这是党中央立足于我国国情与现阶段发展特征，深刻把握全球化发展大趋势与大方向而做出的重大决策，也是未来一个时期我国经济社会发展的重要指导思想与全面开拓高质量发展新路径的选择。在这个特殊的社会历史背景下，构建"双循环"背景下的产业融合发展路径，有着极其重要的战略意义。

第一，从融合路径来看。我认为，企业要在危机中寻找战略机遇，寻找"双循环"背景下的产业融合路径。改革开放 40 多年以来，我国已经取得举世瞩目的经济发展成就，成为世界第二大经济体。但是，当下我国存在产能过剩与经济结构不合理等现象，我们要把困难和问题，在"双循环"背景下的产业融合中，通过积极融入国际分工与合作进行解决。可以从以下两个方面着手：一是将国内循环深度融入国际循环之中；二是令国际循环为国内循环向更高水平发展提供动力和支撑。由此看来，我们必须加快经济结构调整与转型，改变经济发展方式，深化改革，要以战略眼光，大胆直面新挑战与捕捉新机遇，这样才能达到"双循环"背景下的产业融合的目标。

第二，从市场来看。我认为，产业融合要以强大的国内市场为基础，充分发挥我国超大规模市场优势和14亿人口的内需潜力，提升经济效能和韧性。从国内市场层面上来看，要着力构建完整的内需体系，实现"双循环"背景下的产业融合市场机制，建立强大的国内市场。这主要体现在以下三个方面：一是要构建要素自由流动的市场机制，推进要素市场化改革，促进区域间劳动、资本、信息、技术、数据等要素自由流动；二是要完善市场治理的基础性制度，加强新经济领域的立法，完善物权、合同、知识产权等相关法律，维护市场公平竞争秩序；三是要发挥核心城市的辐射带动作用，使中心城市成为国内市场对接国际市场的核心枢纽点，促进大中小城市和小城镇的协调发展。从国外市场层面上来看，要全面扩大高水平开放，推动形成"双循环"的新发展格局。这主要表现在以下四个方面：一是要积极扩大商品与劳务进出口，从"全球工厂"转变成"全球市场"；二是要积极开展国际产能合作，利用自身优势，与相关国家合理分工，并形成良性循环；三是要加强国际产业链协调合作，引进国际一流科研人才和创新要素，共同维护国际产业链、供应链安全；四是要维护全球化和多边贸易体制，积极参与WTO改革，推动构建新的全球经济治理体系。

第三，从资源来看。我认为，我国具有巨大的国内市场与齐全的产业门类等独特资源优势，这是"双循环"背景下产业融合的重要条件。但是，目前我国在一些高端产业领域，核心零部件和技术还是依赖国外进口。在这种情况下，我们不仅要探索"双循环"背景下的产业融合的特点和规律，还要大力推动科技创新，加快关键核心技术攻关，确立高端产业在国内大循环中的主体地位。例如，2020年9月16日，中国科学院院长白春礼在国新办发布会上说，我们要把"卡脖子"的清单变成科研任务清单进行布局，包括航空轮胎、轴承钢、光刻机等，集中全院力量聚焦国家最关注的重大领域进行攻关。我们要不断加大技术研发和创新投入力度，逐步打破发达国家跨国公司的技术垄断，推进部分高端技术环节在国内落地。这对于积极挖掘国际大循环的带动和优化作用，加快我国工业化进程有着深远的战略意义。

3. 产业转型开辟产城融合路径

目前我国许多城市正处于产业与城市双转型的重要时期，既要以产业转型打造"城市之芯"，又要以城市升级完善城市服务功能。在这种情况下，如何有效破解转型难题，寻求新的区域增长点，就成为区域经济发展研究中的一个重要课题。因此，我认为，研究产城融合理论是有效破解转型难题、实现区域发展的一条创新路径。

19世纪末，利兰·斯坦福夫妇在一个遍布着葡萄园和农田的谷地上建立了斯坦福大学。随后，在近百年的时间里，人们将这里变成了一个影响世界的创新与创造之地。从一个普通乡村变为世界高科技之都，这是"硅谷"的传奇，也是硅谷的魅力所在。我认为，这就是产业新城模式的创新探索。我们要通过"以产兴城、以城带产、产城融合"，寻找产业与城镇的融合发展新模式。

我国改革开放40多年来，为了提高城市经济水平与城市产业集聚能力，各大城市纷纷建立了产业园，以促进城市经济水平的提高。伴随着城市产业园的不断发展，产城融合已成为一种主流趋势。促进产业园与城市的协调发展，对推动我国经济发展与城镇化进程有极大的作用。我们知道，经济转型离不开产业支持，而产业发展所必需的科技、资本、环境等要素必须嫁接上创新的因子，才能实现升级与突破。人们常说，国以民立，城以业兴，就是这个道理。产业新城建设是一个系统工程,可能需要 10—20 年,甚至更长的时间,需要足够的耐心和毅力。

产城转型融合发展具有理论与实践的双重创新意义。要推动城市与产业转型,就要坚持走产城相融、产城互动、产城共进的道路。改革开放以来,我国许多地方创新了产城转型融合发展的路径,成为产城转型融合发展的榜样。例如,有的地方打造重点园区平台,创建科创园、科研院所、金融产业园等平台;有的地方全力建设总部经济,集聚研发、设计、销售等产业;有的地方重点发展高新技术产业,立足建设高新技术产业高地。由此看来,产城转型融合是经济发展的一种趋势,有许多路径可以选择。因此,只要认清形势,选择好方向,就能把握新机遇,寻找到新路径。

在我国城镇化不断加快的进程中,产业与城市都得到了很大发展,但也出现许多中小城市无力应对大城市的竞争,要素流失,产业承载能力差的现象。在这种情况下,产业与城市融合就成为城市发展中一条有效的路径。因此,我通过分析认为,产业与城镇融合发展的关键,应该是产业在市场引导与适当政策的规范之下,能自发有序地进行空间转移。这就要求引进有良好市场的产业,以政策吸引产业。产业发展需要城市的支撑,城市发展需要产业的反哺,两者之间相互促进,才能共同推动城市经济发展。

第九章

产业融合发展战略思考

CHANYE RONGHE
FAZHAN
ZHANLUE SIKAO

当今国际形势与国内形势已经发生一些重大变化，我们要根据国家实施的"十四五"规划与"2035年远景目标"的精神，加快建设科技强国和发展战略性新兴产业的步伐，进一步深度观察与思考我国产业融合发展的困境与出路，并以战略眼光与高瞻远瞩的气魄，考量未来产业融合有可能遇到的新情况和新问题。

一、新时代产业融合新思维

当前国际国内环境给我国产业融合带来了许多不确定性的因素，尤其是给企业的生产和销售等方面带来许多困难和挑战。在这种严峻的情况下，产业融合必须要有新思维，才能迎难而上，积极进取，创新发展。

1. "后疫情时代"的"互联网＋产业"融合新思维

在新冠肺炎疫情期间，每个人都体会到了互联网技术，特别是大数据、人工智能、区块链等技术带来的便利。市场环境的变化也给部分产业与行业融合带来更多机会。所以，具有"互联网＋产业融合"的新思维，是市场环境变化对我们提出的新要求。

第一，从"后疫情时代"教育科技与互联网产业加速融合来看。2020年8月，第六届"互联网＋教育"创新周在北京开幕，这届创新周以"加速'互联网＋教育'新跃升"为主题。在会议期间，陈滢博士说，在融合化在线教育的趋势下，教育科技企业需要把握三点：一是把握质量的控制，二是把握技术的穿透，三是把握教学范式的转变。互联网重塑教育是个漫长的过程，其中人的因素尤为重要，只有通过技术和意识的渗透，才能切实解决在线教育的完成率与教学效果这两大痛点。目前国内物联网技术也迎来新的变革，非接触商业与隔离经济兴起。而学校教育作为城市发展的重要组成部分，"无卡"与"智能"的新校园无接触式管理服务正催生出庞大的新需求，也为教育科技与互联网产业加速融合创造了条件。由此看来，坚持"互联网＋产业融合"新思维，将见证城市未来、学校教育的发展与变革。

第二，从"后疫情时代""产业＋互联网＋金融"的融合来看。新冠肺炎疫情期间，互联网技术和金融服务的融合起到非常重要作用。利用互联网打通金融与实体产业，支撑产业发展，仍然是今后几年内产业融合的模式。利用互联网为产业提供金融服务，也是"后疫情时代"一项重要的创新工作。比如说，实施"科技创新中心＋龙头企业＋产业金融"，可以打通产业链与创新链和资金链，解决实践中的问题和瓶颈。或者说，产业利用金融工具，可以发展成为产业资源的聚合器、资产规模的放大器、业务创新的孵化器、业绩增长的驱动器。由此看来，通过产业、互联网、金融的相互渗透与支持，可以形成"后疫情时代""产业＋互联网＋金融"融合的创新商业思维与发展模式。

第三，从"后疫情时代"数字化、网络化、智能化的融合来看。工业企业数字化转型成为一种常态，任何一家工业企业都应思考未来要如何持续提升业务韧性、效率以及可持续发展的能力。几乎所有工业企业都需要进行数字化、网络化、智能化融合，因为工业企业需要更敏捷和灵活的生产系统与供应链。比如，通过物联网、机器人、人工智能、大数据等工业 4.0 技术，工业企业已经感受到只有数字为先、网络为王、智能为雄的战略，才能够适应更为复杂的市场环境。由此看来，"后疫情时代"，对企业尤其是工业企业来说，进行数字化、网络化、智能化的融合，不再是一个可选项，而是一个必选项。只有同时具备数字化、网络化、智能化的竞争优势，才有可能在未来的竞争中胜出。

2."后疫情时代"的"大健康＋产业"融合新思维

新冠肺炎疫情使我国很多行业遭遇沉重的打击，但健康产业却因此走红，迎来新的产业发展机遇期。在这样的背景下，我们必须用"大健康＋产业融合"的新思维，积极宣传全民健康知识，努力推动健康产业与其他产业融合发展。

第一，从"后疫情时代"健康产业的发展来看。2016年10月，中共中央和国务院印发《"健康中国2030"规划纲要》，明确指出以发展健康产业为重点，优化多元办医格局，发展健康服务新业态，积极发展健身休闲运动产业，促进医药产业发展。同时，提出要普及健康生活、优化健康服务、完善健康保障、建设健康环境。目前有许多企业进入健康领域投资，就是看到了该领域能够创造巨大的财富。根据有关资料显示，新冠肺炎疫情之后，人们在健康方面的消费有所上升，健康产业迎来飞速发展期。再叠加人口老龄化与"健康中国"战略背景，健康产业的市场规模增长态势明显。根据国家统计局数据显示，到2023年，我国健康产业预计将实现超14万亿元的产值。从这一数据下的产业前景来看，在"后疫情时代"，该产业还会出现更大的蓝海，相关产业融合有着巨大的发展空间。同时，我国正发展成为世界最大的健康服务业市场，健康服务需求与日俱增。在这种情况下，大力推进健康产业的供给侧结构性改革，大幅度提升健康服务能力，促进健康产业与养老、旅游、互联网、健身休闲、食品药品等产业融合发展，将有利于新的健康产业的布局。由此看来，"后疫情时代"的健康产业前景非常广阔。因此，我认为，把健康产业培育成国民经济的重要产业，打造成信息密集、知识密集、技术密集、就业密集的产业群与产业体系，是未来的发展趋势。

第二，从"后疫情时代"医疗技术的发展来看。相较于 2003 年的"非典"疫情，日益成熟的人工智能技术在此次战疫过程中发挥了重要作用。比如说，疫情中线上问诊、医学影像与病理辅助诊断等都因人工智能的出现而变得更加高效。2020 年 2 月，中央全面深化改革委员会第十二次会议也着重强调要鼓励运用大数据、人工智能、云计算等数字技术，使之在疫情监测分析、病毒溯源、防控救治、资源调配等方面更好地发挥支持作用。我认为，在"互联网＋"时代，移动互联网、大数据、人工智能等新一代前沿信息技术为传统医疗行业带来了新的发展契机。移动互联网能促进信息沟通，大数据能提升诊疗的智能化水平，人工智能能对就医流程中的各个环节进行智能化改造。随着"5G＋"技术的发展，"5G＋医疗"组合势必会迸发出巨大的潜能，远程医疗将推动我国医疗健康产业更加深入与均衡地发展。

第三，从"后疫情时代"中医药与科技的融合来看。提速生物技术创新、提升医疗服务水平、强化产业融合已成为专家学者的共识。比如说，"共和国勋章"获得者、中国工程院院士钟南山就总结过中医药在抗疫过程中的使用经验。钟南山院士说，在中医理论体系指导下，加强循证医学研究，对一些确实有效的中药，可以进一步加强有效成分及药理机制的研究，在临床实践中进一步提高疗效。国家中医药管理局科技司司长李昱在一次新闻发布会上说，全国除湖北以外地区，中医药参与救治的病例占累计确诊病例的96.37%，在湖北地区中医药的治疗参与率也达到了91.05%。新冠肺炎疫情中，中医药参与面之广、参与度之深、受关注程度之高，是中华人民共和国成立以来前所未有的。"后疫情时代"中医药与科技的融合，要注重运用中医药守正创新成果，坚持中西医结合、中西药并用。目前，各行各业都在向标准化与智能化的方向发展，在这一个趋势下，对于中医药企业乃至整个保健品行业来说，唯有实现全面现代化的转型才能脱颖而出。全国大部分中药生产线还处于工业2.0水平,实现了自动化生产,但达到工业3.0或4.0水平的数字化、智能化生产线还很少。要推进中药产业提质增效,则要依靠科技创新,抓住跨界协同发展机遇,搭乘信息化与人工智能的快车。由此看来,中医药与科技的融合,是未来的一个大方向。

3. "后疫情时代"的"公益＋商业"融合新思维

新冠肺炎疫情期间,也是检验一个企业是否有责任担当的时刻。许多企业在疫情期间充分利用自己的资源,承担了企业的社会责任。"后疫情时代"公益主题将会进一步与商业融合,这种新思维将成为社会经济发展的强大动力。

第一,从"后疫情时代"公益与商业融合的特点来看。我们发现,疫情之后公益的边界被无限扩大,进入"泛公益主义"时代。公益是一项全民事业,每一个人都可以参与进来,每一个人也应该积极参与公益事业。在"泛公益主义"时代,我们要倡导新的公益行为。我们应该在帮助他人的过程中践行自己的公益理念,传播公益思想,实现自己的人生价值。但更重要的是要将公益融入我们的各种社会活动中,特别是企业家要把公益理念融入自己的商业行为之中,创新公益与商业融合发展的方式。当我们用一颗公益的心去创造商业事业时,就可以从公益角度看待人与人之间的关系、人与社会的关系、人与自然的关系,在社会中创造和谐场景,并成就自己的事业。我认为,应该倡导新商业文明,最终目标是推动社会进步。因此,应该用公益之心观照商业行为,转变商业目标仅仅是赚钱的思维,将为更多人服务与推动社会进步作为商业行为的首要目标,这样才能充分体现自己的人生价值。只有正心奉道,有公益之心,才能在商业的大道上乘风破浪,实现自己的梦想。

第二,从"后疫情时代"公益目标与商业模式的融合来看。改革开放40

多年来，我国已经发生了翻天覆地的变化，社会经济得到快速发展，人民生活水平不断地提高。因此，在"后疫情时代"，我们要注重把公益目标与商业模式融合起来，充分认识不同时代有着不同的公益目标，每个人与每家企业都自觉参与公益活动，并把商业模式融入公益事业，在商业行为中奉行公益，让商业模式充满公益价值，通过商业行为使社会变得更加和谐。公益活动与商业模式相互融合后是可以相互促进的。如果在商业模式中融入公益目标，那么商业行为更能体现其社会价值。企业家的目标，不仅是要把自己的企业做大做强做好，还要带动行业一起成长进步，为更加美好的社会而不懈奋斗。只有行业好，企业发展才会有更广阔空间；只有国家好，行业才有稳定的发展环境。例如，浙江英冠控股集团公司每年从收益中拿出部分资金作为助学金，通过当地慈善总会帮助贫困生完成大学学业，以及直接救治病重的老人，得到很好的社会效益，也提高了企业的美誉度。由此看来，有远见的企业家，一定要积极承担社会责任，把握公益与商业的辩证关系。而商业模式一定要有自己独特的时代价值与公益目标。只有当带着公益的目标去发展事业，才能实现自己的人生价值。

第三，从"后疫情时代"公益与商业的融合共生来看。我认为，公益与商业只有相互促进，才能共生共赢。社会的文明程度应该体现在公益的成就上，当社会上出现更多的公益组织，并且朝着一个共同公益目标努力时，社会就会更加文明和谐。由此看来，以商业促进公益，以公益提升商业，当公益与商业完美地融合时，就会在生生不息的发展中推动社会进步！

二、当前国际背景下产业融合的新思路

近年来，美国一些政客对我国的崛起进行无端的抹黑，已经成为美国公开遏制我国经济发展的战略手段。在这种特殊的国际背景下，我国经济发展遇到前所未有的困难。因此，产业融合必须要有新思路，才能突破美国及其追随者的包围，使我国经济持续而稳定地发展。下面我们从三个层面上做一些思考与探索。

1. 要有国际经济带的新视野

我认为，产业融合"向外择优"，就是一种新思路。我们应该取于势，明于变。当今面对中华民族伟大复兴的战略全局与世界百年未有之大变局，党和国家领导人因势利导，及时提出要加快构建以国内大循环为主体与国内国际双循环相互促进的新发展格局。习近平总书记特别强调，要以畅通国民经济循环为主构建新发展格局。在这种社会历史背景下，我们应该积极探索国际经济带产业融合新思路，要在复杂多变的经济形势下构建我国新的发展格局。与此同时，我们应当认识到，经济全球化仍是历史潮流。因此，我国需要分层次加强与各国的分工合作、产业融合、互利共赢。

第一，从世界范围的产业融合来看。当今世界的产业融合，往往是通过一些发展模式来推动的。比如，我国是"一带一路"的倡导者和推动者，中国与"一带一路"沿线国家一道，加强多边合作，开展多层次与多渠道沟通磋商，推动多边关系全面发展。同时，要发挥上海合作组织、亚太经合组织、欧亚会议等多边合作机制的作用，让更多国家和地区参与"一带一路"建设。由此看来，我国"一带一路"是实现世界区域产业融合发展的有效途径，是我们"走出去"的一种战略路径。我国通过深化合作，可以实现多层次的产业大融合。

第二，从与友好国家的产业融合来看。在我们国家和人民遇到困难时，友好国家鼎力相助，帮助我国发展经济和科技。在这种情况下，我们应该加强与这些国家的经济合作与产业融合，并形成各有特色的产业生态链，共同建设各种国际产业融合示范区。

第三，从与其他国家的产业协作来看。国际产业合作和协作从来都是优势互补的，可以共享发展成果，这是双方合作的前提。但是，对那些对我国的经济活动进行干扰、破坏、威胁的国家，我们应该谨慎地合作，采取一些反制措施。

2. 要有在我国经济圈中实行产业融合的新思路

我认为，产业融合"向内择地"，也是一种新思路。我国经济发展与产业融合，眼睛始终要"向内看"，以自力更生与自主创新为主。特别是在互联网时代，如果核心技术掌握在别人手中，那么迟早会被别人"卡脖子"。因此，在我国经济圈中实行产业融合，必须要有新思路。我想，要"向内择地"，首先发展好自己国家的经济和产业，"择地"是产业融合发展的"突破口"。下面我们从三个层面进行分析，探索在我国经济圈中实行产业融合的新思路。

第一，从产业融合的大格局来看。我认为，我国经济要发展，产业融合是重中之重。但是，必须要有新的产业融合思路，才能形成自己独特的产业融合生态链。比如，国家实施的粤港澳大湾区建设、长三角地区一体化发展、京津冀区域产业协同发展、环渤海经济区开发等政策，这些相关区域都有自己的优势和特点，因此，产业融合要"向内择地"，防止重复建设与产业同质化现象。"择地"进行大格局的产业融合，这是从国家战略层面上形成的产业融合方向。

第二，从产业融合的区域来看。我认为，一个区域的经济发展，要突出其历史、技术、结构等优势。比如，进行长三角地区一体化产业融合，首先要认识到该地区的地位和作用。长三角区域已经发展成我国最具经济活力与创新力及对外吸引力的区域之一。随着我国经济发展与制度创新，长三角将聚集一批超级产业集群。在这种情况下，超级产业集群之间有进行产业融合的广阔空间，教育、科研、企业、资本、商会等要素也将融入其中并且产生黏性，最后会形成跨地区产业集群，并组成产业集群的联合体。由此看来，区域产业融合，既是国家发展的机遇，也是创新发展的方向。

第三，从区域产业整合来看。我认为，区域经济发展与产业融合应该注重特色，加大产业整合与融合力度，形成自己有特色的产业链。比如，杭州数字经济发展已经形成特色、品牌、规模，以阿里巴巴为代表的互联网企业为数字经济发展奠定了坚实的基础。在这种情况下，杭州市政府就应该因势利导，整合数字经济资源，加大数字经济发展力度，使数字经济成为本区域产业融合的突破点，长三角地区产业融合的亮点，国家经济发展与产业协作的示范点。

3. 要有城市与产业融合的新思路

在"后疫情时代"，加强国际与国内产业的合作和融合已成大势所趋。我国作为世界第二大经济体，应该在努力畅通国内产业与商业循环的同时，积极与国际社会开展抗疫情与保经济的深度合作。这不仅能助力区域经济发展，也将为一个健康、安全、和谐、有序的全球环境增添保障。

第一，从城市特色产业融合来看。我认为，产业融合对城市经济发展会带来影响，因此，在互联网时代，要注意特色产业融合，形成发展潜力和优势，防止"一哄而上"。由此看来，城市特色产业融合不是"万金油"，而是"智慧果"。

第二，从城市原有产业的融合来看。我认为，产业融合需要在城市原有产业资源基础上进行，通过整合、融合、协作形成产业链。在产业融合上，要防止出现"无中生有"的虚拟产业和业态。由此看来，城市原有产业融合，要"原味"和"香味"，但不要"野味"和"变质味"。只有这样，才能通过产业融合，加快经济发展的步伐。

第三，从城市布局与产业融合来看。我认为，产业融合要符合城市的整体布局。未来城市发展不是楼宇经济模式，依靠房地产"养活"财政的模式即将过去。城市布局必须要有超前发展意识，既要看见"门"，又要想到"店"。不然的话，走过这个"门"，就进不了那个"店"，就会失去布局产业融合的机会。

三、未来我国企业融合发展的新办法

当今世界形势呈现出复杂多变的态势，似乎也为企业发展笼上许多阴影。尤其是由于国内外不确定因素增加，企业融合发展遇到前所未有的困难。在这种特殊情况下，企业融合发展要有新的办法，才能渡过难关，勇往直前，实现目标。

1. "整合"与"合作"融合

企业必须根据局势变化，调整产业结构，整合各种资源，实现战略性重组，融合上下游产业链与形成专业化整合，才有可能逆势前行。我个人认为，可以从以下三个方面进行努力：一是推动企业内部或跨企业的专业化整合，以提高产业集中度，解决资本布局分散，难以形成集中优势的问题；二是鼓励优势企业并购经营困难的企业，帮助困难企业盘活资源，增强活力，有效控制与化解经营风险；三是要继续推进企业强强联合发展，进行科技创新，打造一批高质量发展引领示范企业。

第一，从企业内部的整合与融合来看。我认为，"后疫情时代"对企业的影响还很大，又加上中美关系有可能继续恶化，有的企业的生存和发展面临着重重困难。在这种情况下，除了需要政府有关部门出台有关政策给予扶持，企业自己为了生存和发展，还要进行产业整合、资产重组与融合发展。例如，浙江英冠控股集团公司较早关注产业融合的问题。因此，在疫情期间与"后疫情时代"，企业不但没有受到影响，反而得到健康发展。这主要是因为浙江英冠集团公司主要领导结合工作实际，一直在思考产业融合的问题，并在实践中做了一些新的探索。比如说，研究了房地产业与酒店业融合问题，房地产业与商业及物业融合问题等，并把这些做法与实践经验上升到理论的高度进行思考，提前做好"过冬"的各种假想。整合与融合是企业的生存方式，"整合"就像中华武术的"硬功夫"，"融合"就像"软功夫"，企业生存发展必须要有"两手功夫"，才能走得更远。

第二，从与国内企业合作和融合来看。我认为，在当下的国内和国际形势下，企业既面临着各种危机，也会有许多机遇。把握机遇的关键就是要选择好合作伙伴与合作项目，共同走合作与融合发展道路。例如，浙江英冠控股集团公司创新合作与融合理念，在总结前 20 年发展经验的基础上，提出了后20年的发展规划和产业融合思路，要更加积极地寻找合作伙伴，争取在服务业与科技创新等方面有起色和突破。成功的合作与融合的结果通常不是1＋1＝2，而是1＋1＝N。企业合作与融合在许多情况下都是被逼出来的，过了这个"坎"，又是一道亮丽的风景线！

第三，从与国外机构协作和融合来看。当前美国等国家试图与中国"脱钩"，在这样的严峻形势下，我认为，我国企业要增强应变能力，积极与有关国家进行产业、技术、投资、贸易等的协作与融合，互惠互利，延伸产业链。在世界经济一体化的背景下，"脱钩"是违背经济发展规律的。因此，我们应该主动与国外企业进行产业协作和融合，抓住发展机遇与经济发展周期。只有这样，才能把那种不择手段的"脱钩"，演变成为我所用的"上钩"！协作与融合不是"演戏"，而是一种"智慧游戏"！

2. "产品"与"网红"融合

"网红经济"吸引了越来越多关注的目光，甚至可以这样说："网红经济"是一种新经济和新常态，会发展成为一种重要的经济现象。因此，应该通过政策引导网络社交平台以及"网红"孵化企业，通过创办"网红学校"等多种方式，严格把控"网红"素质，使"网红经济"持续健康发展。我认为，"网红经济"不是一锤子买卖，而是要树立产品为王的理念，从源头上严把产品的质量关，从而规范其发展。

第一，从"网红"是地区特色代言人来看。我认为，"网红"既是产品的代言人，也是地方特色的代言人。因此，要善于把两者融合起来，引导培育"网红"孵化新机制。我们知道，"网红"培育初期需要借助雄厚资本的力量才能实现成长。在这种情况下，要做好"网红"与金融机构和投资机构的对接，为"网红"发展提供资金支持。特别要着重挖掘本地的名优特产品、"老字号"产品、新产品，植入地方文化进行推广，使其借助互联网销售成为"网红"产品。还要善于借助网络社交平台，做好城市品牌形象管理，将旅游目的地和旅游产品与"网红"的发展融合起来，让"网红"成为旅游产品代言人。由此看来，通过现代化的传播方式，让更多的人了解本地特色资源与特色产品，是"网红经济"的目标。

第二，从"网红"提升城市发展活力来看。当下许多地方的党委和政府都扮演着"经纪人"角色，各相关部门也在不断探索与提炼城市的个性与形象，从资源禀赋与人文历史等"根"和彰显特色的"枝叶"出发，寻找城市特性以及与其他城市的差异，然后用大众化的语言进行推广，使在网络上走红成为提升城市品质与促进经济发展的一种方式。由此看来，"产品"与"网红"融合发展，是未来社会经济发展的一种常态。

3. "服务"与"共享"融合

2020年9月，习近平在2020年中国国际服务贸易交易全球服务贸易峰会上说，本届交易会以"全球服务，互惠共享"为主题，并提出三点建议：一是共同营造开放包容的合作环境；二是共同激活创新引领的合作动能；三是共同开创互利共赢的合作局面。这是我们实现"服务"与"共享"融合发展的大方向。从我国共享经济发展来看，很多共享经济企业进入了公共服务领域，开始实现"服务"与"共享"融合发展。例如，在公共交通领域，滴滴平台不但对网约车进行调度，还通过谷雨系统为出租车提供调度；同时滴滴还利用大数据技术，为城市公共交通提供各种服务。所以，"服务"与"共享"是融合发展的一种新的路径。

第一，从公共服务视角来看共享经济。我认为，公共服务概念来源于公共产品，但又比公共产品概念更宽泛。在经济学领域，公共产品是与私人产品相对应的概念。从这个概念可以看出，公共产品或服务的本质是共享。例如，个体对公共服务的消费，不会导致他人对该产品消费的减少。又如，有些边际产品的边际生产成本为零，在现有的公共产品供给水平上，新增消费者不需增加供给成本。由此看来，公共服务与共享经济的融合，实质上是服务共享。

第二，从共享经济视角来看公共服务。共享经济目前公认的定义是指个体间直接交换商品、服务和理念的系统。我们从共享经济的视角来看，对于公共服务，消费者并不具有彻底的使用权，而只是拥有按需使用的权利，所有的公共产品或服务都是共享而非独占的。共享经济也强调产品或服务的共享性，从这个意义上来说，共享经济与公共服务理念是相通的。但两者的区别在于，大部分公共服务是由政府或下属机构运营的。

第三，从共享经济与公共服务的关系层面来看。我认为，共享经济与公共服务的存在都基于所有权与使用权的分离，在交易成本大幅降低的情况下，两者深度融合有着较大的空间。主要表现在以下四个方面：一是利用共享经济平台，挖掘闲置资源，提供低价的带有公共性质的服务；二是共享经济平台作为新的基础设施，为交易提供服务；三是打造多方合作服务模式，比如可以打造基于共享经济的政府、平台、使用者的多方合作的公共服务模式；四是共建社会诚信体系，共享经济的发展使大量的物理资产数据化，也使大部分交易远程化，这就要求建立一个更为诚信的社会环境，建立基于大数据的信用机制，也建立共享经济和公共服务监管体系。由此看来，共享经济与公共服务深度融合发展，也是未来我国经济发展的一个趋势。

综上所述，我们应该在百年未有之大变局中，寻求我国产业融合发展的道路，并积极主动出击，抓住历史机遇，为中华民族的伟大复兴和实现"中国梦"贡献智慧和力量。

主要参考资料

——

王虎学：《马克思分工思想研究》，中央编译出版社 2012 年版。

王磊：《马克思分工理论研究》，南开大学出版社 2018 年版。

周振华：《信息化与产业融合》，上海三联书店、上海人民出版社 2003 年版。

于刃刚等：《产业融合论》，人民出版社 2006 年版。

单宗玥：《马克思分工思想及其新时代意蕴》，《人民论坛》2019 年第 33 期。

薛金霞、曹冲：《国内外关于产业融合理论的研究综述》，《新西部》2019 年 30 期。

李美云：《国外产业融合研究新进展》，《外国经济与管理》2005 年第 12 期。

郭朝先：《产业融合创新与制造业高质量发展》，《北京工业大学学报（社会科学版）》2019 年第 4 期。

于诗琦：《农村产业融合的内涵和特点研究》，《当代旅游》2019 年第 11 期。

苏萍：《我国高新技术产业与传统产业融合发展的对策》，《现代商贸工业》2017 年 17 期。

王茹：《互联网经济规制的原则与多元规制体系的构建》，人民网理论频道，2018 年 2 月 15 日。

《产业跨界融合，经济增长新动能》，《新华日报》智库专版，2017 年 12 月 20 日。

杨成长：《产业跨界融合呈现五大趋势》，中证网，2014 年 10 月 24 日。

辛苏：《把握产业跨界融合的新趋势》，《新华日报》，2017 年 8 月 24 日。

方大春：《以跨界融合助推产业转型升级》，《安徽日报》，2017 年 9 月 11 日。

胡衡华：《推进产业深度融合　拓展经济发展空间》，中国经济网，2016 年 2 月 25 日。

邓淑华：《"互联网＋"时代　如何迎接跨界融合与变革?》，《中国高新技术产业导报》，2015 年 7 月 6 日。

张苗荧：《让数字文旅产业成为发展新引擎》，《中国旅游报》，2020 年 3 月 24 日。

徐晟昊：《"未来社区"的探索与思考》，《衢州日报》，2019 年 2 月 2 日。

杨国水、董清清：《探索未来社区"平台＋管家"服务新模式》，世界浙商网，2020 年 6 月 24 日。

张湘涛：《"文化＋"：产业融合发展的新形态》，《光明日报》，2015 年 12 月 25 日。

万宝瑞：《把握农村三产融合新特点》，人民网，2019 年 8 月 28 日。

教育部习近平新时代中国特色社会主义思想研究中心：《文化多样化新特点探源》，人民网，2019 年 3 月 22 日。

刘洋、马云梅:《加快产业融合发展　激发经济发展新动能》,《山西日报》,2020 年 7 月 28 日。

黄群慧:《在新产业革命中壮大经济发展新动能》,《经济日报》,2018 年 9 月 28 日。

孙兆东:《我国金融发展的四大融合趋势》,中国银行保险报网,2020 年 8 月 10 日。

迟树功、宁福海:《文化与科技融合发展趋势》,《学习时报》,2014 年 2 月 17 日。

邹薇:《构建双循环新发展格局的战略意义与实践路径》,人民论坛网,2020 年 8 月 19 日。

赵晋平:《开创双循环新发展格局的生动实践》,光明网,2020 年 8 月 14 日。

后　记

———

　　2020 年是我人生中不平凡的一年。这一年，我进行了许多方面的思考。我亲身经历新冠肺炎疫情给国家和人民带来的灾难，也亲眼看到各族人民的"抗疫"精神与相互帮助的传统美德，更深刻地认识到了企业家应有的责任担当。新冠肺炎疫情及当下的国际时局变化给我国经济发展带来了一些困境，在这个社会历史背景下，我重新思考产业融合，试图从理论与实践上探索我国产业融合与企业可持续发展中的一些关键问题。因此，可以这样说："融合"成为我 2020 年的一个关键词。

　　为了研究产业融合问题，我从全球产业融合发展的层面、我国产业融合发展的层面、企业融合发展的层面进行全方位观察与思考，并从理论与实践上做了立体化探索，试图预测未来产业融合的发展趋势。在《产业融合新论》一书中，我提出一些新的观点，虽然是探索性的，但对当下我国经济发展与产业融合深化是有积极意义的，也可以起到抛砖引玉的作用。

　　20 多年来，我一直在企业经营与创新的第一线，看到许多企业创业与创新的成功案例，认识到了成功经验和案例背后的理论思维与理论素养的重要性。因此，我一直在思考和探索如何做大做强企业，提高企业的抗风险能力，而产业融合就是其中的一个抓手。所以，我在开发和经营房地产的过程中，以房地产业务为基础，融合酒店、商业、物业、贸易等要素，最后形成自己的企业控股集团，走出一条产业融合发展的道路，这是我对产业融合理论的一种实践。

为了探索产业融合的问题，我把它作为一个课题进行思考，分析和研究当今我国产业融合的发展现状，发表了《"双循环"背景下产业融合发展新趋势》与《新形势下互联网产业融合走向》两篇论文，取得了阶段性的研究成果。如今，我把课题的全部研究成果形成《产业融合新论》一书。在这一过程中，我学习和借鉴许多专家学者的观点，还得到林日葵老师的支持、指导和帮助。同时，我的事业一直得到家人的大力支持和鼓励，尤其夫人徐水宝是我事业上的最佳搭档，全心全意支持我的各项开创性工作；儿女的关心和体贴也成为我发展事业的一种动力。从这个意义上来说，这本书是我们一家人的共同成果。在此，我向有关专家学者、家人及关心和支持我事业的所有人表示衷心感谢！

产业融合涉及许多学科的理论和实践，书中可能存在着这样或那样的问题，欢迎大家批评指正。

俞则忠